Ontwaak kinderen! – Deel 7

Ontwaak kinderen!

Deel 7

Gesprekken met
Śri Mata Amritanandamayi

Swami Amritaswarupananda

Mata Amritanandamayi Center, San Ramon
Californië, USA

Ontwaak kinderen! Deel 7
Gesprekken met Śri Mata Amritanandamayi

Uitgegeven door:
Mata Amritanandamayi Center
P.O. Box 613
San Ramon, CA 94583
Verenigde Staten

——————————— *Awaken Children 7 (Dutch)* ———————————

Eerste uitgave van het MA Center: december 2016

In Nederland:
www.amma.nl
info@amma.nl

In België:
www.vriendenvanamma.be

In India:
www.amritapuri.org
inform@amritapuri.org

Dit boek wordt in alle nederigheid opgedragen aan de
Lotusvoeten van Śri Mata Amritanandamayi,
het Stralende Licht, dat in het hart van alle wezens verblijft.

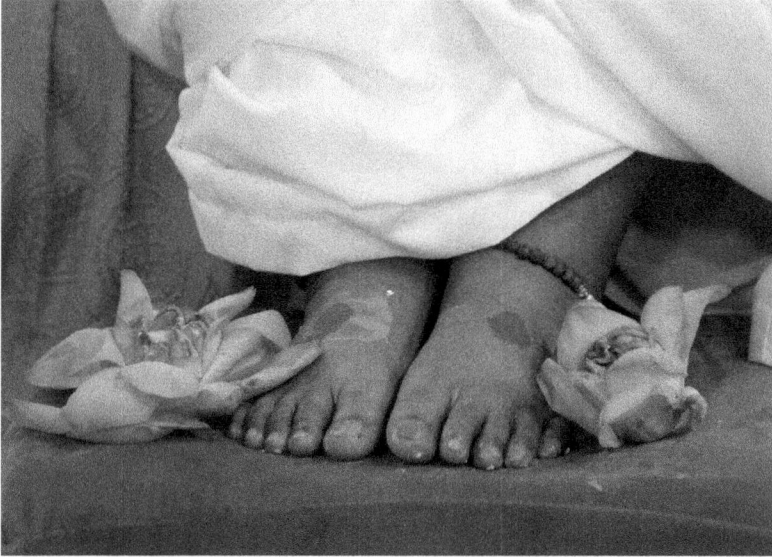

Vandeham saccidānandam bhāvātītam jagatgurum |
Nityam pūrnam nirākāram nirgunam svātmasamsthitam ||
Ik buig voor de Universele Leraar, die Satchidananda is, die
voorbij alle verschillen is, die eeuwig is, volledig, zonder eigenschappen, zonder vorm en altijd gevestigd in het Zelf.

Saptasāgaraparyantam tīrthasnānaphalam tu yat |
Gurupādapayovindoh sahasrāmśena tatphalam ||
Wat voor verdienste iemand ook verkrijgt door pelgrimstochten
en door het baden in de heilige wateren, die zich uitstrekken tot
de zeven zeeën, kan zelfs niet een duizendste deel evenaren van
de verdienste die men verkrijgt door het drinken van het water
waarmee de voeten van de Guru zijn gewassen.

Guru Gita, verzen 157, 87

Inhoud

Inleiding

Vedanta in je leven in praktijk brengen wil zeggen dat je diep in het ware leven duikt om zo het leven in al zijn pracht en heerlijkheid te leren kennen en te ervaren. *Vedanta* betekent niet het leven ontkennen; integendeel, het is een bevestiging van het leven. Het is in ons leven geïntegreerd. Het spreekt niet over iets buiten onszelf; het leert ons over onszelf, onze ware natuur, ons werkelijke bestaan. In feite begint het ware leven pas, wanneer iemand zijn innerlijke Zelf gaat ontdekken. Dan pas begint de echte reis van ons leven. Amma zegt: "Zoals we eten en slapen, zo moet de beoefening van spiritualiteit een onontbeerlijk deel van ons leven worden. Als er geen evenwicht tussen het spirituele en het materiële wordt geschapen, zal het ware geluk niet gevonden worden en zal het doel van het leven niet vervuld worden. Dit evenwicht is waarlijk de kern van het leven en dat is ook het ware doel van *Vedanta* en van alle andere wereldreligies".

Dit boek, het zevende deel van *Ontwaak Kinderen!* zou ik willen omschrijven als de essentie van *Vedanta*. Het is een veilige weg om een heel gelukkig en succesvol leven te leiden. Elk woord is diepzinnig en bevat de totaliteit van spiritualiteit en het leven. Het lezen van dit boek zou een meditatie kunnen zijn, een kijkje nemen in ons innerlijke Zelf.

Overal ter wereld zien we experts in hun vakgebied lezingen geven en workshops houden over hoe men een gelukkig en succesvol leven kan leiden, over het opheffen van spanningen, enz. In deze moderne tijd is dit is een alledaags verschijnsel.

Natuurlijk is het in zekere mate heilzaam, maar niet op langere termijn. Het zal een tijdelijke uitwerking hebben op de deelnemers, die snel daarna weer in hun zelfde oude mentale geestesgesteldheid terugvallen. Waarom? Omdat de cursusleiders niet het vermogen hebben om diep tot de werkelijke oorzaak van het probleem door te dringen en die met wortel en al uit te roeien. Alleen een ware Meester als Amma kan dit doen.

Dit is een tijd van angst en bezorgdheid, een tijd van hartverscheurende pijn. Hoe kun je uit deze pijn komen? Hoe kun je de andere oever van het bestaan bereiken? Hoe kun je te midden van alle chaos en verwarring kalm en vreedzaam blijven? Hier is het pad. Amma toont ons het pad. En dat niet alleen. Ze neemt ons bij de hand en leidt ons naar het doel. Wat is dan het geheim? Amma zegt ons: "Wees een getuige en verlaat nooit het ware middelpunt van je bestaan. Verblijf in het Zelf en kijk eenvoudig naar alles wat er gebeurt. Als je eenmaal deze kunst van het getuige zijn hebt geleerd, wat je ware natuur is, dan zal alles een prachtig en kostelijk spel worden".

In Haar gesprekken met de leerlingen en volgelingen onthult Amma, die de belichaming van de Hoogste Waarheid is, de verschillende niveaus van kennis aan Haar kinderen. Verlicht door de in nectar gedrenkte en genadige woorden van onze dierbare Amma wordt ons het pad duidelijk gemaakt. We hoeven slechts dit duidelijk gebaande pad te volgen. Wees niet bezorgd, er is niets te vrezen, want Amma weet dat wij als kleine kinderen zijn die met wankele stapjes lopen. En daarom loopt Ze naast ons, om stevig onze hand vast te houden en ons met oneindig veel liefde en mededogen te helpen en te leiden. Wij kunnen dan zeker zijn van de overwinning.

Swami Amritaswarupananda
M.A. Math, Amritapuri
Kerala 690546
India

❧ ❧ ❧

De gebeurtenissen in dit boek vonden grotendeels plaats tussen begin oktober 1984 en januari 1986. Uitzonderingen hierop zijn: Amma's bezoek aan de Meenakshi tempel medio 1977, Haar aankondiging over het einde van de Krishna Bhava in oktober 1983 en de dood van de dichter Ottoor Unni Nambootiripadu op 25 augustus 1989.

❧ ❧ ❧

Hoofdstuk 1

We zijn niet het beperkte zelf, maar het oneindige Atman

Hoe is het voor Amma mogelijk om het leven van zoveel mensen te transformeren, vooral van jongeren die nog niet van de genoegens van het leven geproefd hebben? Dit is een vraag die door velen gesteld wordt. Het antwoord is eenvoudig: wanneer we in Amma's aanwezigheid zijn en in Haar ogen kijken, zien wij een glimp van ons ware Zelf. Amma's ogen weerspiegelen de oneindigheid. Haar hele wezen toont ons een glimp van de toestand van voorbij het denken zijn, de toestand van volledige egoloosheid. In Amma zien we onze eigen zuiverheid, de zuiverheid van smetteloze liefde, de zuiverheid van het Zelf (het Atman).

Stel dat we ons hele leven lang slechte voeding hebben gegeten. Dan eten we voor het eerst een erg voedzame en overheerlijke maaltijd. Als we gemakkelijk aan dat eten kunnen komen, verlangen we dan na het proeven van deze heerlijke en gezonde maaltijd nog naar slechte voeding? Nee, dan verlangen we alleen naar goed, voedzaam eten. Evenzo ervaren we in Amma's aanwezigheid door iedere blik, aanraking, woord en daad van haar de nectar van onsterfelijkheid. Wij krijgen er een voorproefje van en we voelen dat daarin onze ware natuur, het Atman, schuilt. We komen er ook achter dat wat we tot nu voor genot hebben gehouden, helemaal niets is vergeleken met deze ervaring van gelukzaligheid. Het is onze eerste aanraking met de kennis dat we niet alleen het lichaam of het kleine begrensde zelf zijn, maar het almachtige oneindige Zelf of het Atman (God). Zoals Amma zegt: "We komen tot het besef dat we niet een mak lammetje zijn, maar een machtige leeuw." Om dit te illustreren vertelt Amma het volgende verhaal:

"Er zat eens een kip te broeden op haar eieren, waartussen zich toevallig ook een adelaarsei bevond. Na een tijdje waren de eieren uitgebroed en kwamen de kuikens uit hun ei. Het adelaarsjong groeide met de kuikens op en pikte met hen ook naar wormen in de grond. Hij was zich totaal niet bewust van zijn ware natuur, dat hij een machtige adelaar was. Dagen en maanden gingen voorbij en de kuikens groeiden op tot volwassen kippen. Maar nog steeds leefde de adelaar bij de kippen en dacht hij dat hij één van hen was. Hij was totaal misleid en had zich vereenzelvigd met een gewone kip. Op een dag zag een adelaar die hoog in de lucht zweefde, onze kip-adelaar die met de andere kippen naar wormen aan het scharrelen was. De adelaar in de lucht wist niet wat hij zag. Hij besloot de kip-adelaar te redden door hem uit zijn waan te halen en hij wachtte op een mogelijkheid om hem te ontmoeten. Toen de kip-adelaar op een dag alleen was, vloog de lucht-adelaar naar hem toe. Toen de kip-adelaar de grote adelaar vanuit de lucht op hem af zag komen, werd hij erg bang en begon te kakelen als een kip. Heel snel kwamen alle kippen aanrennen om de kip-adelaar te beschermen. Zodoende moest de lucht-adelaar wegvliegen zonder in zijn poging te zijn geslaagd. Maar niet lang daarna raakte de kip-adelaar nogal ver van zijn vrienden verwijderd en de lucht-adelaar zag een nieuwe kans om hem te ontmoeten. Langzaam en behoedzaam vloog de lucht-adelaar weer naar de kip-adelaar. Deze keer lukte het hem de kip-adelaar vanaf een afstand te vertellen dat hij geen vijand was maar een vriend en dat hij hem iets heel belangrijks te vertellen had. De kip-adelaar was achterdochtig en probeerde weg te rennen, maar de lucht-adelaar slaagde door zijn gevlei erin hem terug te laten komen. Hij maakte de kip-adelaar duidelijk dat hij niet een gewone kip was, maar een machtige adelaar zoals hij zelf, die het vermogen heeft om hoog in de lucht te zweven. De lucht-adelaar zei: "Jij hoort niet op de grond thuis. Je hoort in het onmetelijk luchtruim. Kom met me mee en ervaar het geluk door in de lucht te zweven. Je kunt het, want je bent net als ik, je hebt hetzelfde vermogen als ik. Kom op, probeer het!" Zo trachtte de lucht-adelaar de kip-adelaar te overtuigen. Eerst was de kip-adelaar vol ongeloof. Hij dacht zelfs dat het een of andere valstrik was. Maar de lucht-adelaar was vastbesloten om het niet op te geven. Door zijn geduldige en tactvolle aanpak lukte het hem het vertrouwen van de kip-adelaar geleidelijk te winnen en hij vroeg hem toen mee te komen naar een nabijgelegen meer. Omdat de kip-adelaar de lucht-adelaar begon te vertrouwen, voelde hij zich zekerder en ging met de lucht-adelaar mee naar het meer. Toen zij aan de oever van het meer stonden, zei de lucht-adelaar tegen de kip-adelaar: "Kijk nu eens in het water. Kijk naar je spiegelbeeld en zie de gelijkenis tussen ons tweeën." De kip-adelaar keek in het stille, heldere water. Hij keek en keek en kon zijn ogen niet geloven. Het was voor het eerst in zijn leven dat hij zijn eigen spiegelbeeld zag, zijn ware beeltenis. En nu wist hij dat hij helemaal niet op een kip leek, maar op de lucht-adelaar. Na deze ervaring kreeg hij een geweldig vertrouwen in de lucht-adelaar. Hij kreeg veel zelfvertrouwen en hij volgde onvoorwaardelijk de aanwijzingen van de lucht-adelaar op. De kip-adelaar had aanvankelijk wat moeite om van de grond te komen. Maar spoedig daarna kon men de twee adelaren sierlijk door de lucht zien zweven."

Amma zegt: "De meeste mensen zijn als de kip-adelaar en leiden hun leven in onwetendheid, zonder dat ze zich van hun ware oorsprong bewust zijn." Amma herinnert ons eraan: "Kinderen, jullie zijn het almachtige Zelf. Het hele universum is van jullie. Jullie zijn de Meester van het universum, in feite zijn jullie het universum zelf. Denk niet dat jullie gedwee, machteloos of beperkt zijn."

In Amma's aanwezigheid krijgen we een glimp van onze ware natuur te zien. In Haar ontdekken we onze ware identiteit. We worden stil en staren Haar vol verwondering aan, omdat we voor het eerst in ons leven een duidelijk besef van onze ware natuur krijgen. Als Amma ons vertelt dat we niet slechts het lichaam, het kleine zelf of het ego zijn, maar dat we het Hoogste Zelf zijn, dan raken Haar woorden direct ons hart, omdat de woorden recht-streeks van de Hoogste Waarheid komen, het Hoogste Atman. Zij steelt ons hart en helpt ons dan langzaam op te stijgen naar het hoogste spirituele niveau. Wij hebben, zonder te weten wie we werkelijk zijn, net als de kip-adelaar geleefd. En in de heerlijkheid van Amma's aanwezigheid komen we in een flits te weten dat we niet van deze wereld zijn, maar dat we het Hoogste Zelf zijn.

Wanneer we ons vereenzelvigen met het lichaam, de geest en het intellect, leven we net als de kip-adelaar in een waantoestand. We zijn machtige gouden adelaren die naar grote hoogten van het onmetelijke spirituele luchtruim op kunnen stijgen, en toch leven en sterven wij als kippen, zonder onze ware natuur te kennen.

Hoofdstuk 2

De geest is gestoord

Amma maakte een praatje met de brahmachari's en een aantal bezoekende volgelingen. Eén brahmachari vroeg aan Amma: "Amma, als we werkelijk het Atman zijn, waarom is het dan zo moeilijk om de waarheid te ervaren?"

Amma antwoordde: "De Waarheid is altijd het moeilijkst maar tegelijkertijd ook het eenvoudigst. Voor onwetende en egoïstische mensen is zij het moeilijkst om te weten, maar voor degenen die leergierig zijn en een vurig verlangen hebben haar te kennen, is zij het eenvoudigst.

De mens is alleen maar bezig met het voeden van zijn ego en het zal nooit bij hem opkomen om het Zelf te leren kennen. Om het Zelf te kennen moet men het ego laten verhongeren. Maar helaas kunnen de meeste mensen dat niet. In plaats daarvan klampen zij zich er steeds meer aan vast. De meest overheersende neiging in de mens is om zoveel mogelijk aandacht te krijgen. Ze willen geprezen en erkend worden. Ze denken dat het hun geboorterecht is. Dit is allemaal voedsel voor het ego dat groeit door aandacht. Hoe kun je het Zelf leren kennen als je ego voortdurend naar aandacht hunkert?

Om het Atman in je te realiseren moet de denkende geest opgelost worden. Zolang er een geest is, zul je beheerst worden door het ego.

Mensen wijzen naar geesteszieke mensen en noemen hen gek. Maar ze weten niet dat ze zelf ook gek zijn. Iedereen die een geest heeft is dwaas, omdat de geest dwaasheid is. Van iemand die geestesziek is, openbaart zich dat duidelijk en daarom zie je het ook. Terwijl het in jouw geval zich minder duidelijk openbaart en daardoor niet zo voor de hand ligt. Maar dwaasheid is er, omdat de geest er is.

Kijk eens naar mensen die opgewonden raken of angstig of kwaad worden. Ze raken in feite gestoord. Woede is niets anders dan een tijdelijke dwaasheid en hetzelfde is het geval bij opwinding en angst. Wanneer je erg kwaad bent, ben je gek; je spreekt en handelt als een dwaas. Het is een tijdelijke toestand waarin je je geestelijke evenwicht verliest. Wanneer deze toestand permanent wordt, wordt het krankzinnigheid genoemd. Als je teveel aan je geest toegeeft en hem niet onder controle houdt, verlies je je evenwicht en word je gek.

De geest is het ego waardoor je je erg op jezelf richt. Maar in plaats van je op jezelf te richten, moet je je op het Zelf (het Atman) richten, het ware centrum van je bestaan. Om dit te laten gebeuren moet de geest uitgedoofd worden. Het ego moet sterven. Alleen dan kun je in de toestand van *sakshi bhava* (getuige bewustzijn) gevestigd zijn.

Het ego is het grootste struikelblok op je pad naar de Waarheid. Het ego heeft geen werkelijke bestaan, omdat de geest en het ego onwerkelijk[1] zijn. Nu hebben we de indruk dat de geest en het ego onze vrienden zijn, maar zij misleiden ons en houden ons van onze ware natuur af. De geest en het ego hebben van zichzelf geen macht; de bron van hun macht ligt in het Atman, ons werkelijk bestaan.

Het Atman is onze ware Meester. Maar we worden beheerst en misleid door onechte meesters, namelijk de geest en het ego. Zij misleiden ons niet alleen, ze bedekken ook het aangezicht van onze ware natuur. Wees je hiervan bewust en probeer onder de

---

[1] De geest heeft vier verschillende functies of aspecten. Deze zijn: de geest (mind) = het vermogen tot twijfelen; *chitta* = de opslagplaats van herinneringen; *buddhi* = het onderscheidingsvermogen en *ahamkara* = het ego, het gevoel van 'ik' en 'mijn'. Het is dezelfde geest maar op verschillende manieren belicht al naar gelang zijn functie.

beperking van je geest en ego uit te komen. Als de schil om het zaadje niet openbreekt en afsterft, kan het zaad niet uitkomen en tot een grote boom uitgroeien. Zo kan de innerlijke Waarheid niet gerealiseerd worden, als het ego niet sterft."

Het ego leeft van de aandacht

Vraag: "Amma, U zei dat het ego van aandacht leeft. Wat bedoelt U hiermee?"

Amma: "Kinderen, dit is iets wat we dagelijks doen, op ieder moment. Naar aandacht verlangen zit in de aard van de mens. Of we ons nu ervan bewust zijn of niet, we vragen er allemaal om. Mensen hebben een aangeboren neiging om manieren te vinden waardoor ze de aandacht van anderen trekken. Zelfs een kind wil aandacht. Zonder aandacht kunnen de geest en het ego niet bestaan.

Een echtgenoot wil de aandacht van zijn vrouw en zij wil zijn aandacht. Kinderen verlangen naar de aandacht van hun ouders. Mannen zoeken de aandacht van vrouwen en vrouwen willen door mannen opgemerkt worden. Mensen doen van alles om aandacht te krijgen. De hele wereld hunkert naar aandacht. Ook dieren hebben deze neiging. Het enige verschil is dat zij andere manieren hebben om aandacht te trekken. Iedereen die een geest en een ego heeft, heeft aandacht nodig en kan zonder aandacht niet bestaan.

Wat de mensen doen om de aandacht van anderen te krijgen is bijna overal hetzelfde. Tieners in alle landen gebruiken veel grovere methoden hiervoor. De dingen die zij uithalen om aandacht van anderen te trekken, vooral die van het andere geslacht, zijn soms erg dwaas. Dit doen zij omdat zij op die leeftijd volledig in de greep van hun geest en ego zijn. De geest is dwaas. Wat kan er dan anders dan dwaasheid naar buiten komen, als je volledig onder zijn invloed staat? Het resultaat van een dwaze geest kan alleen maar dwaasheid zijn.

Als je opgroeit, groeien je geest en ego ook mee, maar zij worden subtieler en de manieren om aandacht te trekken zullen daardoor ook subtieler worden. De manieren zullen niet zo grof zijn als voorheen, maar het verlangen is er nog steeds. Amma heeft eens het volgende verhaal gehoord:

Een journalist schreef eens een artikel over de burgemeester van een bepaalde stad. Omdat de journalist de mening van de mensen over de burgemeester wilde weten, interviewde hij een aantal inwoners en vroeg hun wat ze van de man vonden. Iedereen had wel iets slechts over de burgemeester te vertellen. Hij zou harteloos en corrupt zijn; hij kreeg de schuld van alles wat er in de stad mis was en velen vertelden dat ze spijt hadden dat ze ooit op hem gestemd hadden. De populariteit van de burgemeester was bijzonder laag. Ten slotte had de verslaggever een ontmoeting met de burgemeester. De verslaggever vroeg hem wat voor beloning hij voor zijn ambt ontving. De burgemeester vertelde dat hij helemaal geen salaris kreeg. De journalist vroeg: "Maar waarom wilt u zo graag burgemeester van deze stad blijven, terwijl u niets verdient en de mensen zo'n hekel aan u hebben?" De burgemeester antwoordde: "Ik zal u in vertrouwen vertellen waarom. Mijn populariteit mag dan niet groot zijn, maar ik geniet van alle eer en aandacht die ik krijg."

Vele moorden worden gepleegd met het doel om aandacht te krijgen. Het ego heeft zo'n hoogtepunt bereikt, dat men zelfs met uiterst wrede middelen erkenning denkt te krijgen. Dit gebeurt overal ter wereld.

Een paar weken geleden bezocht een jongeman Amma. Hij onthulde zonder enige schaamte aan Amma dat het zijn grootste wens was om beroemd te worden. Hij vertelde Amma dat hij een intens verlangen had om zijn naam en foto in een belangrijke krant te zien. Amma sprak enige tijd met hem en probeerde hem de dwaasheid van zijn houding in te laten zien. Ten slotte veranderde hij van gedachte en had spijt van wat hij had gezegd. Hij was gewoon eerlijk geweest en had daarom Amma openlijk over zijn verlangens verteld. Maar is dit niet wat de meeste mensen verlangen? Het is alleen zo, dat de mensen zelden eerlijk zijn; ze zeggen nooit wat ze voelen. Er is een grote kloof tussen mensen en tussen het individu en de maatschappij. Door de overheersing van het ego zijn de mensen niet meer zo open. Ze zorgen alleen voor het behagen van hun eigen geest en het vervullen van hun eigen verlangens.

Als een kind huilt, vraagt het om aandacht. Al je ambities en verlangens zijn gebaseerd op het krachtige maar subtiele verlangen van het ego naar aandacht Wanneer je een succesvolle vakman wilt worden, zoek je naar aandacht. Je wilt geen gewoon mens zijn, je wilt iets bijzonders zijn, beter dan de anderen. Je kunt niet gewoon tevreden zijn met wat je bent. Je hebt behoefte om erkend en vereerd te worden. Dit komt omdat de mensen meer vanuit het hoofd dan vanuit het hart leven. Amma zegt niet dat je zulke ambities niet mag hebben. Er is niets op tegen, maar ze mogen je niet te trots of zelfzuchtig maken. Je moet je niet door de geest en zijn verlangens laten meeslepen.

Een geleerde kan een betere geleerde zijn als hij leert minder zelfzuchtig te zijn. Als een politicus leert om meer vanuit zijn hart dan vanuit zijn hoofd te handelen, kan hij een groter voorbeeld en een inspiratie voor anderen zijn. En een sportman zal meer bereiken als hij zijn ego onder controle kan houden.

Hoe egocentrischer je bent, hoe meer aandacht je opeist, en daardoor word je voor alles overgevoelig. Je verwacht dat men op een bepaalde manier tegen je spreekt en zich tegenover je gedraagt en je verlangt dat anderen je respecteren, zelfs als je het misschien niet verdient.

Amma kent een musicus die met groot ontzag behandeld wenst te worden. Hij is een talentvol musicus, maar zijn trots heeft van hem een onaangenaam persoon gemaakt. Eén van zijn bewonderaars, die zelf ook erg muzikaal is, maakte eens een opmerking over de wijze waarop de musicus een Indiaas traditioneel lied zong. Hij maakte die opmerking in aanwezigheid van een kleine groep bewonderaars. Helaas kon de musicus niet tegen kritiek, zelfs niet toen het op een tactvolle wijze werd gebracht. Hij vatte het als een belediging op en gaf de man een klap in het bijzijn van de anderen.

Egoïstische mensen, wie ze ook mogen zijn, zijn erg bevreesd om niet gerespecteerd te worden. Ze zijn bang hun belangrijkheid te verliezen. Ze kunnen zich dat niet eens indenken, omdat het het fundament van hun bestaan vormt. Hun ego wordt gevoed door de bewondering en het respect die ze van anderen krijgen; en als ze die niet krijgen, dan stort hun wereld in. Als ze niet geprezen worden of niet het respect en de aandacht krijgen die zij verlangen, raken ze geïrriteerd en worden ze kwaad. Door hun ego en hun gevoel van eigendunk kunnen ze geen enkele vorm van kritiek verdragen, zelfs als het opbouwende kritiek is. Zij voelen zich diep beledigd als iemand iets van hen in twijfel trekt. Ze willen altijd het onderwerp van gesprek zijn, vooral als ze er zelf bij zijn. Hun hele leven draait om de aandacht die ze van anderen kunnen krijgen. Wanneer zulke mensen uiteindelijk met pensioen gaan, zullen de herinneringen aan het verleden hun enige bron van vermaak zijn. Zij leven in het verleden omdat zij toen de meeste aandacht kregen. Hun pensionering zal een trieste ervaring zijn, omdat zij nu niets hebben waar zij hun ego mee kunnen voeden, behalve hun herinneringen. Ze leven in het verleden of anders houden ze nog enkele bewonderaars in hun nabijheid van wie ze toch nog wat aandacht krijgen als zij hun over hun mooie verleden vertellen.

Luister naar dit interessante verhaal.

De periode van de totale oplossing van de schepping was over en de volgende schepping stond op het punt te beginnen. Brahma, de Schepper, had een veelheid aan soorten geschapen. Nu was het de tijd om aan elk soort een levensduur toe te wijzen. Hij begon met de mens. De mens gaf Hij een levensduur van dertig jaar. Maar de mens was hiermee niet tevreden en eiste een langer leven. Brahma antwoordde dat een levensduur niet zomaar willekeurig verlengd kon worden, omdat het totaal aantal jaren van alle schepselen bij elkaar al vast stond. Maar de mens stond erop dat hem een langer leven gegeven zou worden. Hij bad en smeekte tot Brahma totdat de Heer uiteindelijk zei: "Goed, ik zal kijken of ik je kan helpen. Ga naast me staan en wacht. Ik zal nu de andere schepselen bij me roepen. Mocht één van de soorten de toegewezen levensduur niet willen hebben, dan zal ik hen laten beslissen hoe lang ze willen leven en de overgebleven jaren zal ik aan jou geven." Blij stemde de mens hiermee in en ging naast de Schepper staan. De Schepper riep toen elke soort bij zich.

Als eerste riep Brahma de os bij zich en gaf hem een levensduur van veertig jaar. De os zei: "O Heer, zo'n lang leven kan ik niet verdragen. Wees me genadig en halveer het." Brahma voldeed aan zijn verzoek en hevelde de overgebleven twintig jaar van de os over naar de mens. En de mens was blij dat zijn leven zeker vijftig jaar zou duren.

Als volgende riep Heer Brahma de ezel bij zich aan wie Hij een levensduur van vijftig jaar had toebedeeld. De ezel zei op treurige toon: "O mijn Heer, wees niet zo wreed! Het zou beter zijn als U me helemaal niet had geschapen. Mijn Heer, ik wil niet zolang leven. Voor mij is vijf en twintig jaar meer dan genoeg. Wees alstublieft zo vriendelijk en geef me niet meer dan dat." Vijf en twintig jaar werden dus aan de mens geschonken. Zodoende was de levensduur van de mens al vijf en zeventig jaar. Maar hij wachtte nog steeds hoopvol.

Na de ezel riep Brahma de hond bij zich en toen Hij hem zegende met een leven van dertig jaar begon de hond jankend te protesteren. De hond zei tegen de Heer: "Nee, nee, mijn Heer! Ik wil niet langer dan vijftien jaar op de aarde zijn." Zodoende ontving de mens wederom vijftien jaar extra.

Brahma draaide zich om, om te zien of de mens tevreden was. Maar kijk! Op zijn gezicht was nog steeds ontevredenheid te lezen.

De worm was het vijfde schepsel dat bij Hem werd geroepen. Brahma stelde hem voor een levensduur van tien jaar te geven. Toen de worm dit hoorde, kreeg hij bijna een flauwte. Hij smeekte de Schepper: "O Heer, ik griezel als ik eraan denk om zo lang een ellendig leven te moeten leiden. Wees zo vriendelijk en verminder het tot een paar dagen!" En de mens was weer blij met die tien jaar erbij, wat zijn levensduur op honderd jaar bracht. Nadat de mens die honderd jaar was gegeven, jubelde en danste hij van vreugde en zo begon de mens zijn leven op aarde.

Kinderen, de eerste dertig levensjaren van een mens zijn een periode van onderwijs, een tijd waarin hij vrij van zorgen en verantwoordelijkheden voor het leven is en een onbezorgd en gemakkelijk leven leidt. Dan trouwt hij. Vanaf dat moment lijkt zijn leven zowaar op dat van een os. Zoals de os de kar moeizaam voorttrekt, spant de mens zich in om de zware kar van zijn gezin voort te trekken. Zo bereikt hij de leeftijd van vijftig jaar. Nog steeds draagt hij de zware last van de verantwoordelijkheden van het leven en die van zijn gezin. Hij heeft ook niet meer de gezondheid en levenskracht van zijn jonge jaren en hij wordt ook sloom. Deze fase van zijn leven kan vergeleken worden met die van de ezel, omdat hij nu in de jaren van de ezel leeft.

Wanneer de jaren van de ezel voorbij zijn, is de mens helemaal op en heeft hij al zijn kracht verloren. De volgende vijftien jaar zal hij als een hond het huis bewaken en op de kleinkinderen passen. Het grootste deel van zijn tijd brengt hij, volkomen genegeerd door zijn kinderen en kleinkinderen, eenzaam zittend of liggend door. Hij denkt nu voortdurend aan het verleden, aan oude herinneringen.

De laatste tien jaar die van de worm waren overgenomen, brengt de mens kruipend door. Door zijn hoge leeftijd en ziekte wordt de mens hulpbehoevend. Zijn lichaam en zintuigen zijn zwak geworden. Hij kan alleen nog maar liggen en de gedachten aan het verleden zijn alles wat hij nog heeft. Ten slotte verlaat hij als een worm dit leven. Het afschuwelijke beeld van zo'n leven wordt gekenmerkt door wanhoop, berouw en narigheid."

Toen de volgelingen naar dit prachtige verhaal luisterden, lachten ze zachtjes, omdat zij inzagen hoe waar dit in het leven is. Amma glimlachte naar hen en zei: "Kinderen, leer te leven alsof je nooit bestaan hebt. Alleen dan zul je in Waarheid leven."

Hoofdstuk 3

Sakshi Bhava (de toestand van getuige zijn)

De brahmachari's en enkele westerse volgelingen zaten rondom Amma aan de rand van het ashramterrein. Een westerling stelde een vraag over *sakshi bhava*, de ervaring van getuige zijn van alles.

Vraag: "Amma, U vertelde onlangs over de toestand van *sakshi bhava* of het getuige-bewustzijn. Ik vraag me af of het getuige zijn een functie van de geest is of is het een ervaring die de geest te boven gaat?"

Amma: "Nee, het is geen functie van de geest. *Sakshi bhava* is een toestand waarin je voortdurend onthecht en onaangedaan blijft, gewoon alles waarneemt wat er gebeurt, zonder dat je door de geest en zijn gedachten gestoord wordt. Je kunt geen getuige van alles zijn als de geest je voortdurend stoort. De geest bestaat uit gedachten. Hij kan alleen maar denken en onzeker zijn. In die Hoogste toestand van getuige zijn, verblijf je voortdurend in je ware natuur.

In *sakshi bhava* wordt je een getuige van alles. Je neemt alles gewoon waar. Er is geen gehechtheid of betrokkenheid. Er is alleen het waarnemen. Je zult zelfs van je eigen gedachten getuige zijn. Terwijl je bewust je eigen denkproces waarneemt, denk je niet; je doet helemaal niets. Je bent stil. Je neemt alles gewoon waar en je geniet zonder door iets aangedaan of geroerd te worden. Hoe kan de geest in zo'n toestand zijn? De geest kan alleen maar denken, onzeker zijn en zich hechten. Hij kan geen getuige zijn.

Het denkproces behoort tot de geest; terwijl getuige zijn tot het Hogere Zelf behoort. Getuige zijn is de toestand waarbij je in Zuiver Bewustzijn verblijft. De geest en zijn gedachten zijn onwerkelijk. Ze zijn een verzinsel van onze eigen schepping.

Alleen bewustzijn is werkelijk. Het denken kan je als natuurlijk voorkomen, maar het is onnatuurlijk. Het maakt geen deel uit van je ware natuur. Je gedachten en je ego creëren niets anders dan onrust. Zij behoren je niet toe en je zult rusteloos blijven totdat ze uitgeschakeld zijn.

Getuige zijn is een toestand waarbij men met volmaakt bewustzijn alles gewoon waarneemt. In de toestand van *sakshi bhava* ben je volledig bewust. Daarentegen ben je onbewust als je met de geest en haar gedachten vereenzelvigd bent; je bent ver verwijderd van Zuiver Bewustzijn. Je verkeert in de duisternis en je kunt niet werkelijk zien. De geest ziet alleen de uiterlijke wereld, de buitenkant van de dingen. Hij kan nooit iets zien zoals het is, omdat je nooit ziet, je denkt alleen maar. En als je denkt, ontgaan je de dingen zoals ze zijn.

Meer en meer vergaren en aan je neigingen toegeven zullen alleen meer gedachten scheppen, en meer gedachten zullen je van je ware centrum wegvoeren. Om getuige te zijn moet men in de hoogste toestand van onthechting gevestigd zijn. Een gehechte geest kan geen getuige zijn; hij kan alleen maar aan gedachten en objecten gehecht zijn. Hij bekommert zich alleen om het 'ik' en 'mijn'. In het getuige zijn is er geen ervaring van 'ik' en 'mijn'. Je stijgt boven deze beperkte en bekrompen gedachten uit."

Het ware centrum zit binnen in je

"Wanneer je een getuige van alles wordt, maak je nergens aanspraak meer op. Alles, of het nu 'jij' of 'ik' betreft, is de Hoogste Heer of het Hoogste Bewustzijn. Als je eenmaal in deze toestand gevestigd bent, kan niets je deren of beïnvloeden. Je stijgt boven de geest uit en je bent niet langer vereenzelvigd met het lichaam. Het lichaam is er nog, maar het is alsof het dood was. Je hecht geen belang aan de uiterlijke wereld of aan wat mensen zeggen.

Je weet dat je in werkelijkheid niemand kunt behagen of tegen niemand onaangenaam kunt zijn. Soms doe je voorkomen alsof je gek bent, andere keren lijk je een gewoon mens. Het ene moment kun je gehecht lijken maar het volgende moment ben je boven het gevoel van gehechtheid uitgestegen, geheel onbezorgd en onthecht. Je kunt uiterst liefdevol en barmhartig zijn en plotseling schijn je geen enkel spoortje van liefde te bezitten. Alles bij elkaar heb je iets erg onvoorspelbaar.

Wanneer je eenmaal de toestand van *sakshi bhava* hebt bereikt, kun je in iedere stemming verkeren die je maar wenst en naar elk bewustzijnsniveau gaan, vanaf het hoogste tot het laagste en omgekeerd. Maar tegelijkertijd blijf je gewoon een getuige. Alles wordt een prachtig en kostelijk spel, een wonderbaarlijk schouwspel. Uiterlijk zal men je nog steeds van de ene bewustzijnstoestand naar de andere zien gaan, van de ene plaats naar de andere plaats en van de ene emotie naar de andere, maar van binnen ben je onbeweeglijk. Je verlaat dat ware centrum van het Bestaan nooit. Het ware centrum is binnen in je. Het kan niet in de uiterlijke wereld gevonden worden.

Als je in dit ware centrum gevestigd bent, ben je onbeweeglijk. Je bent daar voor eeuwig gevestigd. En tegelijkertijd kun je je eindeloos voortbewegen, zonder ooit het centrum te verlaten. Je wordt God en God kan zich eindeloos bewegen. Er zijn geen grenzen.

Als je eenmaal in het centrum van het Bestaan gevestigd bent, kun je alles negeren als je dat wenst; of als je alles met een glimlach tegemoet wilt treden, ben je daar ook vrij in. Ook kun je helemaal zonder eten of slapen, want je hebt het niet nodig. Daarentegen kun je alles eten wat je maar wenst en als je verkiest om een heel jaar te slapen is dat ook mogelijk. Maar van binnen zul je wakker zijn, klaarwakker. Hoewel je lijkt te slapen, slaap je helemaal niet, en hoewel je lijkt te eten, eet je helemaal niets.

Als je in je lichaam wenst te blijven is dat mogelijk. Of als je je lichaam wenst te verlaten, kan dat ook. En nadat je je lichaam hebt verlaten, kun je wanneer je maar wenst, opnieuw in het lichaam binnentreden. Of als je niet in het lichaam wilt terugkeren, kun je blijven waar je bent. Je kunt de baarmoeder kiezen die je zult binnengaan en beslissen wat voor soort lichaam je wilt hebben. Alles is mogelijk.

Mensen kunnen zeggen dat je iets doet, maar je weet dat je helemaal niets doet. Je neemt gewoon waar, je bent gewoon getuige.

Dus getuige zijn vindt alleen plaats als je helemaal van de geest en het denkproces los bent. Dan pas wordt je je volledig van alles bewust, zelfs van je eigen denkproces. Voor de beginneling op het spirituele pad kan getuige zijn ook worden beoefend als houding tegenover alles."

Wees volledig bewust

Vraag: "Amma, wat bedoelt U precies met je bewust zijn van je denkproces?"

Amma: "Kun je een gedachte in je geest zien opkomen? Kun je zien hoe een gedacht werkt en weer verdwijnt? Als je eenmaal in staat bent een gedachte duidelijk waar te nemen, wordt diezelfde gedachte krachteloos. Vereenzelviging met een gedachte geeft hem kracht en de gedachte zal dan in een handeling overgaan. Als je niet met een gedachte vereenzelvigd bent, heeft hij geen kracht. Hij wordt zwak en passief. Als je een gedachte waarneemt en je er niet mee vereenzelvigd bent, dan ben je er getuige van. Je bent volledig bewust als je getuige bent. Bij getuige zijn bestaat het denken niet; dat betekent dat je je met geen enkele gedachte identificeert. In getuige zijn is er alleen maar bewustzijn.

Je kunt twee mensen met elkaar zien vechten. Als je getuige bent van hun gevecht, maak je er zelf geen deel van uit; je hebt er niets mee te maken. Je bent je er gewoon van bewust, je neemt het bewust waar. Wanneer je getuige bent, ben je bewust. Je bent klaarwakker. Je bewustzijn is helder, duidelijk en onbewogen door wat je ziet.

Maar hoe zit het met die mensen die aan het vechten zijn? Zij maken deel uit van het gevecht. Ze kunnen niet als een getuige waarnemen, omdat ze in diepe slaap zijn. Negatieve energie en negatieve gevoelens van woede, haat en wraak verduisteren hun geest en maken hen blind. Wanneer de negatieve energie overheerst, ben je je niet werkelijk bewust en daarom kun je geen getuige zijn.

De geest bestaat uit negatieve energie. Je gedachten zijn negatieve energie en je verleden is negatieve energie. Getuige zijn is werkelijk ontwaken en je bewust worden van alles, zowel van binnen als van buiten. Maar in werkelijkheid is er geen binnen en buiten. In deze hoogste toestand van getuige zijn word je het centrum van het hele bestaan, terwijl je gewoon alle veranderingen waarneemt die plaatsvinden. De veranderingen raken je nooit omdat je het centrum bent geworden, de levenskracht van alles. In de toestand van getuige zijn, word je één met de hoogste kosmische Energie."

Vraag: "Amma, U zei dat wanneer we getuige worden, niets ons kan raken. Maar in tegenspraak met deze bewering wordt er gezegd dat ook *Mahatma's* lichamelijk schijnen te lijden."

Amma: "Zoon, je hebt gelijk. Het is waar dat ze schijnen te lijden, dat is volkomen juist. Ze lijden nooit, maar ze *schijnen* te lijden. Wanneer je eenmaal een getuige bent geworden, zul je zelfs getuige zijn van het sterven van je lichaam, je zult gewoon het lijden van je lichaam waarnemen. Luister naar het volgende verhaal.

31

Er was eens een heilige die langs de oever van de rivier de Ganges woonde. Hij verbleef volledig in de toestand van Godsbewustzijn en in die toestand zong hij de mantra 'Shivoham, Shivoham' (ik ben God, ik ben God). Het aanhoudende gezang van de heilige kon zelfs door de *sannyasi's* worden gehoord, die aan de overzijde van de rivier woonden. Toen hij op een dag aan de oever van de rivier zat en zoals gebruikelijk 'Shivoham, Shivoham' zong, kwam uit het woud van de Himalaya een leeuw tevoorschijn die op de heilige af liep. De *sannyasi's* aan de overkant van de rivier de Ganges zagen tot hun ontzetting hoe het wilde dier de heilige benaderde en op het punt stond hem aan te vallen. Zij schreeuwden over de rivier: "Kijk uit voor de leeuw! Ren voor je leven! Spring in de rivier!." De heilige was helemaal niet bang toen hij de leeuw op zich af zag komen. Omdat het tijd was om zijn aardse leven te beëindigen, accepteerde hij wat er zou gaan gebeuren. En omdat hij in een toestand van eenheid met de hele schepping verbleef, zag hij geen verschil of scheiding tussen de leeuw en zichzelf. Hij en de leeuw waren één, en hij was het zelf die door de leeuw brulde. Hij bleef zitten en ging kalmpjes door met het zingen van "Shivoham, Shivoham." De *sannyasi's* zagen hoe de leeuw de oude heilige aanviel. Terwijl de leeuw hem greep, bleef hij zonder angst "Shivoham, Shivoham" zingen. Het dier begon zijn lichaam te verscheuren. Maar wat een wonder! De heilige bleef "Shivoham, Shivoham" zingen alsof hijzelf in de vorm van de leeuw gewoon zijn honger aan het stillen was. Gedurende het hele schouwspel van zijn sterven gedroeg de heilige zich alsof er niets met hem gebeurde.

Er zijn koekjes in diverse diervormen te koop. Er zijn bijvoorbeeld tijgerkoekjes en konijnenkoekjes. Geloof je dat een tijgerkoekje een tijger is, omdat het die vorm heeft? En als je een tijgerkoekje samen met een konijnenkoekje ziet, denk je dan dat het konijnenkoekje iets van het tijgerkoekje heeft te vrezen? Zal het konijnenkoekje bang zijn dat het door het tijgerkoekje gedood en opgegeten wordt? Nee, natuurlijk niet, omdat er feitelijk geen verschil is tussen die twee. De verschillende vormen zijn uit precies dezelfde bestanddelen samengesteld. Zo is het ook als je beseft dat je ware natuur het Atman is. Je wordt een onthechte, onpersoonlijke getuige die alles met volledig bewustzijn waarneemt en die weet dat de verschillende verschijningsvormen, zowel van de levende wezens als van alle levensomstandigheden, allemaal uit dezelfde substantie geschapen zijn, het Hoogste Zelf.

De geest is je verleden. Laat je verleden los en je zult plotseling volledig bewust worden. Het verleden is niets anders dan dode resten. Gooi die weg en je zult leren hoe je getuige kunt zijn. Wanneer je het verleden, je gedachten en je herinneringen hebt losgelaten, dan zul je volledig in het heden zijn. Wanneer je echt in het heden verblijft, ben je gewoon een getuige. Het verleden kan alleen bestaan zolang er gedachten zijn. Wanneer de gedachten uitgeschakeld zijn, verdwijnt het verleden en verblijf je in je eigen Zelf. Het Zelf doet niets anders dan getuige zijn. Het Zelf is geen persoon, het is Zuiver Bewustzijn. Het is volledig onthecht van alle verschijnselen. Het is de toestand van één zijn, de kern van je bestaan.

Kinderen, nu leiden jullie een onbewust leven. Je kunt je afvragen: "Hoe is het mogelijk dat ik onbewust ben? Ik loop, ik eet en ik adem en toch zegt Amma dat ik een onbewust leven leid. Natuurlijk ben ik bewust. Hoe kunnen anders al deze dingen in en rond mij gebeuren?" Je kunt wel honderd argumenten aanvoeren om aan te tonen dat je bewust bent, maar de waarheid is, dat je het niet bent.

Zoon, omdat je loopt, eet, ademt en ziet, zou je kunnen zeggen dat je volledig ontwaakt bent. Ja, je kunt al deze dingen doen; maar zoon, hoeveel keer per dag ben je je echt bewust van je handen en benen, je tong, je mond en je ademhaling? Zelfs als je eet, ben je je niet bewust van je hand waarmee je eet of van je tong; als je loopt, ben je je helemaal niet bewust van je eigen benen. En adem je bewust? Als je om je heen kijkt en met je ogen de schoonheid en lelijkheid om je heen waarneemt, ben je je dan bewust van je ogen? Zelfs als je ogen wijd geopend zijn, ben je je dan van hen bewust? Nee, helemaal niet. Je doet alles, maar je doet het onbewust. Je leidt een onbewust leven. En nu beweer je al te graag dat je bewust bent en dat je een bewust bestaan leidt. Daarom, ontwaak en wees bewust."

Amma hield op met praten en zat in meditatie. Na een tijdje opende ze Haar ogen en vroeg aan brahmachari Balu om een *kirtan* te zingen. Hij zong *Nirkkumilapol Nimishamatram.*

De hele schepping ontstaat en lost op
in een oogwenk, als een zeepbel.
Je kunt dit verschijnsel niet begrijpen,
tenzij de geest verdwijnt.

De geest zal alleen verdwijnen, als je beseft
dat de geest een illusie is.
Je kunt je eigen geest niet begrijpen;
hij is in duisternis gehuld.

De geest kan de geest niet begrijpen,
omdat het zijn eigen natuur verbergt.
Maar de geest zal verkondigen
dat hij weet.

Je zult gaan begrijpen dat de geest niets weet.
Je zult het weten door je geest rustig en in evenwicht te
houden
en door het beoefenen van tapas.

Als je het echt begrepen hebt
dan zul je weten dat de geest niet bestaat,
dat de geest een niet-geest is,
en zodra de geest er niet is,
dan straalt alles als het Atman, het Zuivere Zelf.

Het vermogen om getuige te zijn zit in je

Toen het lied was afgelopen, ging Amma verder met het gesprek over getuige zijn.

"De ervaring van getuige zijn komt in ons dagelijkse leven echt voor. Het is slechts een kwestie je ervan bewust te zijn. En als dat bewustzijn eenmaal komt en als je de smaak van de vreugde en gelukzaligheid ervan hebt geproefd, ben je op de goede weg.

Stel dat een man en vrouw ruzie hebben. Ze schelden elkaar uit en beledigen elkaar met de meest grove woorden. Dan verschijnen de buren ten tonele. Ze hoorden al het geschreeuw en komen eens kijken wat er aan de hand is. Ze doen er van alles aan om het ruziënd echtpaar te kalmeren en bij te staan. Maar ze blijven elkaar maar uitschelden. De buren proberen hun met alle mogelijke middelen van dienst te zijn. De buren blijven bij hun poging om dit gecompliceerde geval op te lossen, heel rustig en beheerst. Ze zijn in staat om het probleem te overzien en daarom kunnen ze er iets aan doen. Uiteindelijk slagen ze erin de ruzie te sussen.

Hoe konden zij zo rustig en vredig blijven? Omdat zij slechts getuige van het schouwspel waren, zij maakten er geen deel van uit. Hun geest was niet zo vertroebeld of zo onrustig als die van het ruziënd echtpaar. Zij waren veel rustiger en zodoende was het mogelijk om goede raadgevers te zijn.

Het ruziënd werd daarentegen stel meegesleept door hun onrustige geest en de donkere, negatieve energie die hieruit voortkwam. Zowel innerlijk als uiterlijk waren ze erg opgewonden en volledig in die duisternis gehuld. Zij waren blind. Ze konden niet van de situatie getuige zijn omdat ze volledig met hun negatieve geest waren vereenzelvigd. Maar het andere echtpaar was vredig in zichzelf, waardoor ze een betere kijk op de situatie hadden. Omdat in hen enig licht was, dat wil zeggen dat ze niet in de situatie waren ondergedompeld, konden ze er meer afstand van nemen en gewoon getuige van de gebeurtenis zijn. Ze waren niet geheel verblind. De sluier van onrustige gedachten was in hen veel minder aanwezig dan bij het andere stel. Maar als zij een meningsverschil zouden hebben, dan zou precies het omgekeerde gebeuren. Hun buren, die nu aan het ruziën waren, zouden dan afstand kunnen nemen en getuige kunnen zijn, en het zou dan hun beurt zijn om als raadgevers op te treden.

Dit voorbeeld laat zien, dat het vermogen om getuige te zijn in iedereen aanwezig is. Het maakt ook duidelijk dat getuige zijn slechts mogelijk is indien de geest rustig en stil is, alleen als je onthecht bent.

Als het vermogen om getuige te zijn op sommige momenten in ons leven voor kan komen, dan moeten we het voortdurend in elke situatie kunnen ervaren. Het kan gerealiseerd worden omdat het feitelijk onze ware natuur is.

In het zojuist gegeven voorbeeld is de geest nog steeds aanwezig. Op dat moment was de geest rustiger, maar de onrust komt toch weer terug. Het is erg moeilijk om in een toestand van getuige zijn te blijven als er in ons leven een moeilijke situatie ontstaat.

Overal ter wereld proberen psychotherapeuten, adviseurs en genezers de psychische en lichamelijke problemen van mensen op te lossen. Zij kunnen in hun vakgebied deskundig zijn, maar zij zijn vakmensen die hun beroep uitoefenen en hieraan en aan vele andere dingen gehecht zijn. Je kunt geen getuige zijn als je gehecht bent. Eigenlijk kan iemand die aan veel dingen gehecht is, anderen niet helpen. Alleen iemand die de kunst van het getuige zijn verstaat en die in het Zelf, in het ware centrum, gevestigd is, kan anderen echt helpen. De deskundigen analyseren de problemen van hun patiënten die uit het verleden voortkomen, en zij stellen bepaalde methoden voor waarmee de depressies of angsten van de patiënten overwonnen kunnen worden. Zolang het iemand anders is die de hulp van de therapeut nodig heeft, gaat het goed. Hij kan anderen tot op zekere hoogte helpen. Maar wat nu, als er iets in zijn eigen persoonlijke leven gebeurt? Dan stort alles in. De therapeut is dan niet in staat om dezelfde methoden waarmee hij al zijn patiënten behandelt, op zichzelf toe te passen. Als eenmaal iets in zijn eigen leven misgaat, dan kan hij andere mensen niet meer doeltreffend met raad bijstaan. Hij wordt dan nutteloos. Waarom? Zolang het iemand anders is die zijn hulp nodig heeft, kan de therapeut tot op zekere hoogte er afstand van nemen en het probleem waarnemen. Zijn geest is betrekkelijk helder en hij kan naar het probleem van de ander kijken. De therapeut is er niet bij betrokken en daarom is hij in staat om nuttige methoden voor te stellen. Maar als in zijn eigen leven zich een probleem voordoet, laat de geest al zijn negatieve kanten zien. Hij kan niet langer een getuige zijn omdat hijzelf in het probleem verwikkeld is en er volledig mee geïdentificeerd is.

Wat is het nut van al onze methoden als ze niet op ons eigen leven toegepast kunnen worden? En als ze in ons eigen leven niet uitgeoefend kunnen worden, hoe kunnen we dan verwachten dat ze voor anderen doeltreffend zijn?

Kinderen, het ware doel van ons leven is in *sakshi bhava* gevestigd te zijn. De hoogste toestand van getuige zijn is de spil waar het hele leven en het hele universum om draait. Je kunt werken, je geest en je verstand gebruiken; je kunt een huis bewonen en een gezin hebben; je kunt vele verantwoordelijkheden voor je gezin hebben en je kunt veel officiële plichten hebben te vervullen, maar wanneer je eenmaal in *sakshi bhava* gevestigd bent, in het ware centrum, dan kun je alles doen zonder maar een duimbreed uit dat centrum te raken.

In de toestand van *sakshi bhava* zijn betekent niet dat je werkeloos toeziet en je plichten verzaakt. Je kunt bezorgd zijn over de studie van je kinderen, over de gezondheid van je ouders en je vrouw en over andere zaken, maar te midden van al deze uiterlijke problemen blijf je een *sakshi*, een getuige, van alles wat er gebeurt en van alles wat je doet. Innerlijk ben je volledig stil en onbewogen.

Als een filmacteur de rol van een schurk speelt, zie je dat hij zijn vijand neerschiet, kwaad wordt en wreed en vals is. Maar zal de acteur innerlijk echt kwaad of wreed zijn? Begaat hij werkelijk die daden? Nee, dat doet hij niet. Hij is slechts een getuige van alles wat hij doet. Hij staat er boven en ziet alles aan zonder erin verwikkeld te raken en erdoor geraakt te worden. Hij is niet met de uiterlijke lichamelijke handelingen vereenzelvigd. Op dezelfde wijze blijft iemand die in *sakshi bhava* gevestigd is, onder alle omstandigheden innerlijk onbewogen."

Vraag: "Amma, U zegt dat iemand die in de hoogste toestand van *sakshi bhava* gevestigd is, onder alle omstandigheden, of ze nu positief of negatief zijn, rustig en onbewogen zal zijn. Maar U zegt ook, dat hij zich uiterlijk als een normaal mens kan gedragen. Dit klinkt tegenstrijdig!"

Amma: "Een *sakshi* kan kiezen. Als hij dat wenst, kan hij zijn emoties tonen of hij kan volledig onbewogen blijven. Maar hoewel zulke mensen gewone menselijk gevoelens kunnen uiten, bezitten ze ook een unieke bekoring en schoonheid. Ze hebben een natuurlijk charisma. Zelfs wanneer ze verschillende gevoelens uiten, kunnen ze daar op elk moment afstand van doen. Als ze ervoor kiezen om kalm, stil en onthecht te blijven, kunnen ze dat gemakkelijk doen. Als ze gevoelens als liefde en mededogen op een extreme wijze, met heel hun wezen willen uitdrukken, is dat ook mogelijk."

Amma ging verder: "Als je eenmaal zelfverwerkelijking hebt bereikt en als je uiterlijk de indruk wilt wekken dat je door iemand of door een gebeurtenis getroffen bent, laat je dit gewoon gebeuren. Bedenk dat jij het bent die iets wel of niet toelaat. Zonder jouw toestemming zal de geest, die volledig onder je controle staat, niets aannemen of afwijzen of ergens op reageren. Je kunt als je dat wil een *sakshi* blijven, stil en onthecht. Maar als je een voorbeeld wilt stellen van verzaking, zelfopoffering en onbaatzuchtige liefde, dan breng je gewoon deze idealen in de praktijk. Je ondergaat misschien buitengewoon veel verdriet en lijden, veel meer dan een gewoon mens. Maar zelfs dan blijf je innerlijk onbewogen.

Stel dat je iemand je diepe medeleven en bedroefdheid wilt tonen. Je weet dat het een grote verandering in zijn leven tot stand zal brengen als je dat doet. Daarom toon je die bedroefdheid. Maar je bent daar slechts getuige van. Als je die gevoelens van verdriet toont, is die persoon dankbaar dat je zulke gevoelens met hem deelt. Je diepe liefde en betrokkenheid hebben een grote uitwerking op hem, omdat je de gevoelens oprecht, volmaakt en volledig uitdrukt. Je drukt nooit iets gedeeltelijk uit; je hele wezen is erbij betrokken. Evenzo kun je altijd elke stemming uitdrukken, of die nu negatief of positief is. Anderen zullen er diep in hun hart door geraakt worden. Het zal altijd het gewenste effect op een ander hebben. Maar de *Mahatma* is slechts een getuige van de gevoelsuitdrukking, die hij door middel van zijn lichaam uitdrukt.

Als de *Mahatma* dat wenst, kan hij woede, onrust, angst of opwinding tonen. Maar dit is slechts de uiterlijke uitdrukking, omdat zijn geest altijd stil en vredig is. Voor hem is het net als het dragen van een masker. De *Mahatma* kan verschillende maskers dragen, die van woede, geluk, verdriet en angst, maar hij zal dit doen met een bepaald doel voor ogen. En als dat doel eenmaal bereikt is, zal hij het masker afzetten. Hij raakt er nooit mee geïdentificeerd, omdat hij weet dat hij het masker niet is.

Ons probleem is dat we ons met alle stemmingen van de geest vereenzelvigen. Wanneer we boos zijn, worden we boosheid. Hetzelfde is het geval met angst, opwinding, onrust, verdriet en geluk. We worden één met die emotie, of die nu positief of negatief is. We vereenzelvigen ons met het masker.

Wanneer je in een negatieve stemming bent, ben je misschien boos en wanneer je in een ontspannen stemming bent, voel je je vreedzaam en vol liefde jegens anderen. In werkelijkheid ben je niet deze stemmingen. Je hebt bijvoorbeeld een huis, een gezin, een mooie hond en een kat. Stel dat iemand je vraagt: "Van wie is dit huis?" Wat antwoord je dan? Je zegt: "Dat is mijn huis." En je zou hetzelfde zeggen over je auto, je gezin, je kat en je hond. Ze zijn allemaal van jou. Maar in werkelijkheid ben je niet datgene wat van jou is. Het staat buiten je. Het huis is van jou, maar je bent het huis niet. Het lichaam is van jou, maar je bent het lichaam niet. Hetzelfde geldt voor de geest, de gedachten, de gevoelens en het verstand. Ze zijn van jou, maar het is niet wat je bent. Jij bent de waarnemer die door de ogen kijkt, jij bent degene die de emoties voelt, jij bent de denker achter de gedachten, jij bent degene die voelt, denkt, ziet, hoort en proeft. Jij bent degene die ervaart, het subject. Wanneer je eenmaal het subject achter alles wordt, vallen alle verschillen weg en ga je eraan voorbij.

Omdat je niet weet dat je de kracht achter het hele universum bent en niet beseft dat je zijn levenskracht bent, de totaliteit van alle energie die voorhanden is, vereenzelvig je je met je geest, met zijn verschillende gedachten en gevoelens en zeg je: "Ik ben zus en zo. Ik ben boos, ik heb dorst, honger enz." Je vereenzelvigt je met het uiterlijke, niet met het innerlijke. Wanneer je met het innerlijke bent vereenzelvigd, dan bestaat er niet langer een binnen en buiten, omdat je boven beide bent uitgestegen.

Vanaf zijn geboorte tot aan het einde van zijn incarnatie op aarde bleef Heer Krishna een getuige van alles wat er in en rondom Zijn leven gebeurde. De glimlach verdween nooit van Zijn gezicht, of Hij nu op het slagveld was of bezig was met de aanpak van een of ander probleem. Hij bleef volmaakt rustig met die bekoorlijke glimlach op zijn gezicht. Zelfs toen Zijn woonplaats Dwaraka door de zee werd opgeslokt en toen de jager de fatale pijl afschoot die een einde aan Zijn sterfelijke lichaam maakte, had Sri Krishna diezelfde minzame glimlach op zijn gezicht, omdat Hij altijd in de toestand van *sakshi bhava* was. Hij was voortdurend getuige van alles wat er in Zijn leven gebeurde. Hij vereenzelvigde zich nooit met de buitenwereld. Hij bleef altijd het Hoogste Zelf."

Amma hield op met spreken en plotseling was Ze in een andere wereld. Af en toe barstte ze uit in een golf van gelukzalig lachen. Na een tijdje maakte Ze cirkelvormige bewegingen in de lucht met Haar rechterhand. Ze opende Haar ogen en vroeg de brahmachari's een lied te zingen. Zij zongen *Parisuddha Snehattin.*

Uw naam is de naam van Zuivere Liefde.
U bent de weerspiegeling van de Eeuwige Waarheid
U bent de frisse stroom van vrede
die mijn hart troost.

Uw goedgeefsheid is overvloedig
in het vervullen van wensen
van degenen die bij U komen
en naar wereldse genoegens zoeken.

U stort de nectar van Kennis uit
over degenen die zich aan Uw voeten overgeven.

U bent een tehuis van vrede en liefde
dat de ziel wenkt.

U verspreidt de boodschap
van broederschap over de hele wereld
en U zingt het lied
van eeuwige vrijheid.

U bent onze inspiratie
die ons naar het land van de eeuwige vrijheid leidt.
U heeft de lamp van de Liefde ontstoken
en leidt ons voortdurend
naar de kennis van de Eeuwige Waarheid.

Aan Uw Lotusvoeten leg ik een bloem
vanuit het diepst van mijn hart,
met het gebed dat U mij de gave
van onverdeelde toewijding
en standvastige yoga zult schenken
zodat ik de gelukzaligheid van het Zelf mag bereiken.

Amma, de Sarvasakshi

Amma is een levend voorbeeld van de hoogste staat van *sakshi bhava*. Men hoeft alleen Haar leven van dichtbij waar te nemen om te zien dat Zij altijd in die toestand verkeert. Haar hele leven is hiervan een voorbeeld. Haar hele jeugd onderging zij van alle kanten zware beproevingen en veel tegenspoed. Omdat Ze tussen van mensen leefde die volledig onwetend waren, moest Ze ontzaglijk veel geduld hebben en onthecht zijn om alles wat Ze deed, te volbrengen. Ze bleef standvastig en onwankelbaar als de Himalaya's tegenover de geweldige moeilijkheden waar Zij mee geconfronteerd werd.

In de Bhagavad Gita staat geschreven:

Brahman, of het Atman, is ondeelbaar, onbrandbaar en kan niet natgemaakt of drooggemaakt worden. Het is eeuwig, alles doordringend, stabiel, onbeweeglijk en onvergankelijk.

Hoofdstuk 2, vers 24

Amma kon door niemand en door niets geraakt worden. Zij keek nooit terug en was nooit treurig over het verleden. Ook piekerde Zij nooit over de toekomst. Ze kon rustig en moedig alle moeilijke omstandigheden in Haar leven met een glimlach tegemoet treden en was altijd bereid om alles wat er gebeurde te aanvaarden. Ondanks het eindeloze lijden hield Zij vol. Een normaal mens zou zijn ingestort en alle zelfvertrouwen en moed hebben verloren.

Ondanks deze tegenwerkende omstandigheden, zoals het ontbreken van enige steun, zelfs van Haar eigen familie, slaagde Amma erin een grote spirituele organisatie helemaal alleen op te zetten.

Amma is als dorpsmeisje in een arme vissersgemeenschap geboren. Zij ontving geen enkele opleiding en had geen geld tot Haar beschikking. En toch heeft Zij onvoorstelbaar veel bereikt! Hoe kan dit worden verklaard?

Iemand vroeg onlangs aan Amma: "Wat vindt U van de enorme veranderingen in Uw ashram en Uw organisatie? Vroeger trachtte men U te schande te maken en U op vele manieren tegen te werken. Maar nu wordt U overal erkend en vereerd. Wat vindt U hiervan?"

Amma antwoordde glimlachend: "Amma voelt in geen enkel opzicht een verschil. Amma blijft altijd dezelfde. In de tijd van de zogenaamde moeilijkheden verbleef ik in mijn Zelf en nu de zogenaamde naam en faam er zijn, verblijf ik ook in mijn Zelf."

Ja, Amma is altijd dezelfde en Haar liefde en mededogen zijn onwankelbaar. Er is nooit enig verschil en toch kan Ze, als

43

Ze dat wenst, speels en als een kind zijn. Zij kan, steeds wanneer Ze dat wenst, deze wereld achter zich laten en in Haar eigen bewustzijnstoestand verblijven. Ze kan geheel onthecht en kan zonder eten en slaap blijven zolang Ze dat wenst. De wereld heeft totaal geen invloed op Haar.

De onwetende dorpelingen dreigden verschillende malen Haar te doden. Zij beledigden Haar en verspreidden valse geruchten over Haar. Eens wilden Haar oudste broer Subhagan en een neef Haar vermoorden en probeerden Haar zelfs dood te steken. Zelfs toen kon Ze naar hen glimlachen en zeggen: "Ik ben niet bang voor de dood. Jullie kunnen dit lichaam vermoorden, maar het Zelf is onsterfelijk, onvernietigbaar. Jullie kunnen het Zelf niet vermoorden." Daarna ging Ze rustig en kalm zitten terwijl de anderen machteloos waren. Zij konden Haar niets aandoen. Dit is de kracht van het Zelf (Atman). Dit is alleen mogelijk voor iemand die in *sakshi bhava* gevestigd is, iemand die alles waarneemt terwijl hij in de hoogste toestand van getuige bewustzijn verblijft.

De oneindige kracht van het Zelf

Amma zei eens: "Als je eenmaal in de toestand van 'niet denken gevestigd bent, kan niemand je iets doen, tenzij je dat bewust toelaat. Je kunt iets wel of niet laten gebeuren. Of het gebeurt of niet, jij blijft een getuige, volledig onaangedaan en onbewogen, voor altijd verblijvend in de toestand van de hoogste onthechting. Stel je voor dat iemand je kwaad wil doen of je zelfs wenst te vermoorden. Ze kunnen geen vinger naar je uitsteken, als je dat niet toestaat. Zolang jouw *sankalpa* (besluit) er niet is, kan niets je raken. Ze zullen altijd op een wonderbaarlijke manier falen. Uiteindelijk komen ze misschien tot de conclusie dat iets, een bepaalde goddelijke kracht, je beschermt. Maar deze kracht is de oneindige kracht van het Zelf; het is niet één of andere kracht die van buiten komt. De bron van deze kracht zit binnen in je. Jij wordt die oneindige kracht. Wanneer je zonder ego bent, ben je alles. Het hele universum ondersteunt een verlicht iemand. Zelfs de dieren, de bomen, de bergen, de rivieren, de zon, de maan en de sterren staan aan de kant van een gerealiseerde ziel, omdat hij zonder ego is. Wanneer je voor het hele bestaan in diepe nederigheid buigt, buigt het universum (het bestaan) zich voor je en dient je. Maar vergeet niet, dat je ze ook kunt bevelen zich tegen je te keren, omdat je in beide gevallen niet geraakt wordt.

Als er geen geest of ego is, ben je één met het hele bestaan. Het universum met al zijn schepselen zijn je vrienden. Geen enkel schepsel zal je als vijand zien. En zelfs een vijand zou je vriend zijn, zou één met je zijn, omdat die vijand jouw eigen Zelf is, hoewel hij zich niet van deze waarheid bewust is. Als je innerlijk één met je vijand bent, hoe kan hij dan je vijand zijn? Hoe kan iemand of iets, bezield of niet bezield, die in werkelijkheid in jou als deel van jouw Zelf bestaat, je op enige wijze kwaad doen? Dat is onmogelijk. Als je eenmaal je ego hebt laten varen, kan je niets gebeuren, behalve als je het laat gebeuren.

De Rana van Mewar wilde Mira Bai vermoorden. Hij zond haar een beker gif met de mededeling dat een bijzonder drankje voor haar bereid was, vergezeld van een mooie brief vol zoete woorden om zich te verontschuldigen voor alle wreedheid die hij tegenover haar begaan had.

Hoewel Mira wist dat het gif was, accepteerde zij toch de beker en dronk eruit. Maar er gebeurde niets. De Rana trachtte haar op verschillende andere manieren te vermoorden, maar al zijn pogingen mislukten. Mira bleef altijd gelukzalig en onbewogen. Hoe was dit mogelijk? Dat komt doordat zij geen ego had. Zij was boven de geest uitgestegen.

Voor Mira Bai was alles haar 'Giridhar', haar geliefde Heer Krishna. Ze had geen verlangens, omdat ze niets voor zichzelf wilde hebben. Het kon haar zelfs niet schelen of Krishna wel of niet van haar hield. Het enige wat ze wilde was van Hem houden zonder er iets voor terug te krijgen. Voor Mira Bai was alles Krishna. "O Heer! U en U alleen!" Er was helemaal geen 'ik', geen enkel besef van 'ik handel'. Haar Heer Krishna deed alles voor haar, of het nu goed of slecht was. Zij klaagde nooit, wat er ook gebeurde. Zij accepteerde gewoon alles en zag alles wat tot haar kwam als Zijn *prasad*. Door zich aan Krishna over te geven, gaf Mira Bai zich aan het hele bestaan over. Voor Mira Bai was Krishna niet een beperkte persoon die zij alleen in die ene bijzondere vorm zag. Voor haar was het hele universum Krishna. Zij was één geworden met de hele schepping. Zij was één geworden met de energie van Krishna. Ze was zich niet van haar eigen lichaam bewust. En als je geen lichaam hebt, hoe kun je dan gedood worden? De hele schepping staat aan je zijde en beschermt je. Hoe kan gif je dan beïnvloeden? Hoe kan iets in de schepping je schaden? Het kan je alleen raken, als je het toestemming geeft. Alleen als je 'ja' zegt, zal het je iets doen. Als je 'nee' zegt, keert het zich om en verdwijnt. Als je eenmaal deze hoogste toestand hebt bereikt, gebeurt er niets, zelfs als het lichaam wordt gemarteld of gedood, omdat je niet het lichaam bent. Je bent het Zelf.

Het hele universum is je lichaam. Ieder deel van de schepping is een deel van je universele lichaam. Als alles één is, hoe kan dan een deel het geheel iets aandoen? Hoe kan je hand bewust je oog bezeren? Zij kunnen er verschillend uitzien en hun functies kunnen verschillend zijn, maar zij zijn één met het hele lichaam.

Wanneer je je bewust wordt van de eenheid met het Zelf, wordt de hele Schepping je trouwe dienaar. Je bent de meester en alles in de Natuur wacht op je bevelen. Als de hele Natuur je volledig ondersteunt, hoe kan dan iets zich tegen je keren, tenzij je dat werkelijk wilt? De Natuur zal alles doen wat je haar beveelt. Als je zegt "Nee, doe het niet", dan kan er niets gebeuren. Als je in de ware bewustzijnstoestand bent, dan kan niets je iets aandoen. Zelfrealisatie is de volmaakte toestand van het leven."

Dit herinnert ons aan een gebeurtenis in Amma's leven. Amma stak eens Haar hand in de bek van een hond die aan hondsdolheid leed. De hond was één van Amma's kameraden geweest, toen Ze vroeger buiten in de natuur leefde. Amma hield erg veel van de hond en toen Ze zag dat hij aan een boom was vastgebonden, ging Ze naar hem toe en toonde Haar liefde door hem te omhelzen en zijn gezicht te kussen. Ze probeerde de hond eten te geven door Haar hand in zijn bek te steken. De omstanders die zagen wat er gebeurde, waren diep geschokt omdat Amma's hand met het besmettelijke slijm uit de bek van de hond bedekt was. Zij waren allemaal erg bezorgd en rieden Amma aan om uit voorzorg injecties tegen hondsdolheid te nemen. Maar Amma glimlachte en antwoordde: "Er zal niets gebeuren. Maak je geen zorgen." En natuurlijk gebeurde er niets.

Amma zegt: "Als je eenmaal gerealiseerd bent, word je de kosmische Geest, het kosmische denken. Alle geesten zijn van jou. Je wordt de enige die alle geesten bestuurt, niet alleen de menselijke geesten, maar de hele kosmische Geest. Dit betekent dat je de teugels van iedere geest in handen houdt. Je bent ieder-een geworden. Hun lichamen mogen dan verschillend zijn, maar je verblijft in ieder lichaam. Je tegenstander is niemand anders dan jij, jijzelf, in een ander omhulsel. Het is net als snoepjes met dezelfde smaak die in verschillende papiertjes verpakt zijn. De papiertjes hebben veel verschillende kleuren. Ze kunnen blauw, groen, rood of geel zijn. De snoepjes kunnen denken: "Ik ben blauw", "ik ben groen" enz. Maar wat zit er in? Dezelfde snoepjes met dezelfde smaak die van dezelfde ingrediënten gemaakt zijn."

Amma zei eens: "Al je gedachten en handelingen gaan door Amma."

De wegen van een *Mahatma* zijn oneindig. Wij kunnen alleen maar zien wat we aan de buitenkant waarnemen. De *Mahatma* blijft voor ons een volkomen mysterie, een onbekend fenomeen, dat we alleen kunnen begrijpen als we ons eigen Zelf leren kennen. We beseffen onze beperkingen, als we in de aanwezigheid van een *Mahatma* zijn. Zijn oneindige grootheid en grenzeloze liefde en mededogen helpen ons nederig te zijn. Alleen dan zullen we ons bewust zijn van onze nietigheid. Alleen het gevoel van nietigheid en nederigheid zal ons helpen om de toestand van perfecte volheid, de ervaring "ik ben alles", te bereiken.

Hoofdstuk 4

In de ashram werd een aantal nieuwe hutten voor de brahmachari's gebouwd. 's Avonds na het zingen van de *bhajans* verzocht Amma iedereen naar het strand te gaan om zand te halen voor de fundering van de nieuwe hutten. Zodra dit was aangekondigd, ging iedereen met manden en scheppen naar het strand. Amma liep voorop en kort daarna arriveerde de groep op het strand.

Het was een donkere en koele nacht. De zee was ruw. Met een diep bulderend geluid, dat de nacht doordrong, rezen enorme golven uit de donkere zee op en sloegen op het strand uiteen. Het zicht op de uitgestrekte zee in de duisternis van de nacht boezemde ontzag in en schiep een gevoel van diepe, innerlijke vrede. Het schiep ook bij iedereen een gevoel van openheid en een diep bewustzijn.

De zand*seva* (onzelfzuchtige arbeid) begon en iedereen werkte met groot enthousiasme. Amma deed ook actief mee. Soms schepte Ze zand in de zakken. Soms bracht Ze een zak zand op Haar schouders helemaal naar de ashram. Hoewel de bewoners Haar met het werk wilden laten stoppen, gaf Amma niet toe aan hun gesmeek. De zandseva duurde bijna twee uur. Het was nu elf uur. Amma ging bij de zee zitten en de ashrambewoners en een aantal bezoekende volgelingen zaten om Haar heen.

Amma deelde zoute bananenchips en warme zwarte koffie uit aan degenen die gewerkt hadden. Eén voor één gingen de brahmachari's en brahmacharini's naar Amma om hun deel te ontvangen. Toen Amma de bananenchips en koffie uitdeelde, zei Ze tegen één brahmachari die in de rij stond: "Nee, jij krijgt geen *prasad*, want jij hebt niets gedaan. Het is alleen voor degenen die de laatste twee uur hard gewerkt hebben."

Toen de brahmachari zwijgend de rij verliet, stroomde Amma's moederlijke liefde over en riep Ze hem terug en zei:

"Zoon, het is goed. Wees niet bedroefd. Breng een zak zand naar de ashram en als je terug bent, zal Amma je *prasad* geven."

De brahmachari deed wat Amma hem zei. Toen hij een zak naar de ashram droeg, zei Amma: "Hij moet één zak dragen, omdat Amma tegenover degenen die onbaatzuchtig gewerkt hebben, niet oneerlijk wil zijn. Ontspanning komt alleen na inspanning."

De geest is een grote leugen

Toen iedereen van Amma's *prasad* genoot, vroeg een brahmachari: "Amma, toen U gisteren over *sakshi bhava* sprak, zei U dat de geest onwerkelijk is. Ik heb ook gelezen dat de wereld onwerkelijk is. Welke bewering is nu juist?"

Amma: "Zoon, beide uitspraken zijn juist. De geest is een grote leugen en de wereld is een projectie van die leugen. Beide zijn onwerkelijk. De wereld bestaat alleen omdat de geest bestaat. De geest is verantwoordelijk voor al je problemen. Hij schept onzekerheden en laat je lijden; hij veroorzaakt al je boosheid, haat en jaloezie; hij zet je aan om zonder onderscheid te handelen en zelfs kwaad te begaan. Hij drijft je onvermijdelijk in de richting van ellende. De geest is een hel. Hij is *maya* (illusie) en onwerkelijk. Zolang je een geest hebt, is je bestaan onwerkelijk. Alleen het uitschakelen van de geest kan je naar de waarheid en de werkelijkheid terugbrengen.

Het ego komt voort uit de geest. Daarom is ook het ego een leugen. Het is onwerkelijk. Je bestaan zal alleen vol en volmaakt worden als je je van de geest en het ego bevrijdt."

Vraag: "Amma, U zegt dat de geest en het ego onwerkelijk zijn, dat de wereld der verschijnselen slechts een projectie van de geest is en dat onze ware natuur het hoogste Atman of het Zelf is. Dit is erg moeilijk te begrijpen. Kunt U dit nog eens op een veel duidelijkere manier uitleggen?"

Amma: "Zoon, ten eerste moet je weten dat dit niet met woorden uitgelegd kan worden. Hoeveel bewijzen en hoeveel voorbeelden Amma je ook zou geven, je zou toch met dezelfde vragen blijven zitten, totdat jijzelf de waarheid ervaart. Dat de geest en de wereld onwerkelijk zijn, is iets wat jij, jijzelf, moet realiseren. Beoefen *tapas* (ascese) en je zult het te weten komen.

Kinderen, begrijp dat de geest het grootste mysterie is dat er is. Maar Zuiver Bewustzijn of het Zelf is geen mysterie. Als je eenmaal het Zelf kent, realiseer je dat het helemaal geen mysterie is. Jij bent het zelf; het is je eigen ware natuur. Het is dichterbij dan het dichtstbij zijnde. De geest maakt er een mysterie van. De geest is een ingewikkeld iets dat alles erg ingewikkeld maakt.

Je bent niet de geest. Je bent het Zelf (het Atman). Je bent in dat bewustzijn geboren. Je groeit erin op. Je leeft erin. En je sterft in dat bewustzijn. Maar je bent je nooit van deze grote waarheid bewust. Waarom? Dat komt door de geest en de wereld die door de geest geschapen wordt. De geest maakt het onmogelijk om het Zelf te kennen. De geest verdooft je; hij verspilt al je energie en je vitaliteit. De geest is zeer zwak. Probeer daarom uit die onwerkelijkheid te ontsnappen. Bevrijd je van die grote leugenaar, de geest en het ego.

Kinderen, jullie vragen altijd om bewijzen en verklaringen. Dit is iets wat niet bewezen kan worden. Men kan een bewijs van een wetenschappelijke oplossing geven en men kan iets bewijzen wat met de zintuigen kan worden waargenomen. Maar het Atman stijgt uit boven de wetenschap en alle zintuiglijke waarnemingen. Je kunt het niet proefondervindelijk bewijzen. Je ervaart het in je. Maar bedenk dat het de geest is, die om het bewijs vraagt. De geest, die onwerkelijk is, vraagt dat de werkelijkheid bewezen wordt! De bron van je onzekerheden en vragen is zelf onwerkelijk.

Al je onzekerheden en je angsten zijn afkomstig van die grote leugenaar, de geest. Hier is een voorbeeld.

Er was eens een beroemde worstelaar. Niemand kon hem verslaan. Hij was al jaren landskampioen. Omdat hij de sterkste man in het land was, werd hij natuurlijk trots en arrogant. Op een dag daagde een worstelaar uit een andere stad de kampioen uit. Hij accepteerde de uitdaging en er werd een datum voor het gevecht vastgesteld. Er werd veel publiciteit gegeven aan de grote worstelwedstrijd die ging plaatsvinden. De beslissende dag was gekomen en de worstelaars verschenen in het stadion. Onze trotse worstelaar, de landskampioen, was erg zeker van zijn overwinning. Vergeleken met zijn tegenstander was hij sterker, heel goed gebouwd en hij had vele jaren ervaring. Toen begon het gevecht. Het publiek moedigde beide worstelaars luidruchtig aan. Ze floten en zwaaiden met hun handen. Sommigen kozen partij voor de kampioen, anderen voor zijn tegenstander. Het gevecht was al geruime tijd aan de gang en het was moeilijk om te beoordelen wie er zou gaan winnen. Maar uiteindelijk versloeg de uitdager de kampioen op een overweldigende manier en de uitdager werd tot kampioen van het jaar uitgeroepen. Het publiek riep: "Leve de nieuwe kampioen!" en bespotte de verslagen worstelaar. Ze beledigden hem en lachten hem honend uit. Op de één of ander manier lukte het hem om van de worstelmat overeind te komen en toen liep hij, zich diep schamend, met gebogen hoofd weg. Lang nadat hij het stadion verlaten had, dreunde het smadelijk gehoon nog steeds in zijn hoofd. Zijn hart was vol haat en zijn geest was erg opgewonden. Op dat moment werd hij plotseling wakker.

Ja, het was slechts een droom geweest! Maar onze kampioen was uitermate onrustig. Hij had zijn innerlijke rust verloren en liep in zijn kamer te ijsberen, als een leeuw in een hok. Hij was vol revanchegevoelens. Hij had zich volledig met zijn droom ver- eenzelvigd en trachtte heel intens een tactiek te bedenken om zijn tegenstander in zijn droom te verslaan. Hij dacht: "O mijn God! Ik heb alles verloren! Ik ben mijn reputatie kwijt. Hoe kan ik me nog in het openbaar vertonen? Vanaf nu respecteert niemand me meer. Hoe kan ik al hun beledigingen verdragen? Ik zou liever doodgaan dan zo te leven. Ik moet revanche nemen op die idioot." Dit soort gedachten welden in zijn geest op. De trotse worstelaar piekerde en trok aan zijn haar. Hij ijsbeerde op en neer alsof hij gek geworden was. Maar hoe opgewondener hij werd, hoe meer hij het verlangen kreeg om uit deze toestand te komen. Dus ging hij uiteindelijk zitten en probeerde zich te ontspannen. En het werkte. Toen hij rustiger werd, zwakte zijn gedachten geleidelijk af en spoedig besefte hij hoe dom hij was geweest. Hij dacht: "O mijn God! Wat is me overkomen? Wat ben ik een dwaas. Het was alleen maar een droom! Het was helemaal niet echt, alles was de schepping van mijn eigen geest. Ik ben geschrokken en opgewonden geraakt over iets, wat nooit is gebeurd."

Kinderen, zie hoe de kampioen volledig door zijn eigen geest werd misleid. Hij was volledig met zijn droom vereenzelvigd en dacht dat alles wat in zijn droom gebeurde, echt was. Waar kwamen de andere worstelaar en het publiek met hun luid geschreeuw en hun beledigingen vandaan? Wie schiep de verschillende worsteltechnieken van de twee worstelaars? Wie schiep het stadion, de nederlaag van onze kampioen, zijn schaamte, zijn boosheid en het verlangen om wraak te nemen? Ze werden allemaal door de geest geschapen. Natuurlijk was het niet echt, maar toch geloofde de worstelaar dat het echt was en zo reageerde hij ook. Zolang hij met zijn droomwereld vereenzelvigd was, die door zijn eigen geest geschapen was, bleef hij lijden Maar zodra hij besefte dat de droom niet echt was, werd hij ervan bevrijd en vond rust.

Op dezelfde manier zijn wij allemaal vereenzelvigd met een droom. De worstelaar had zich maar met een korte droom vereenzelvigd. Zodra hij wakker werd, verdween de droomwereld en toen hij zich ontspande, verdween ook zijn vereenzelviging met de droom. Wij zijn daarentegen met een veel langere droom vereenzelvigd. Het is een droom die door de geest wordt geprojecteerd en die gebaseerd is op onze gedachten en ervaringen uit het verleden. In onze huidige toestand geloven we dat de droom echt is. We leven in een droom die door de geest geschapen is en we zijn ermee vereenzelvigd. Het ontwaken moet nog plaatsvinden.

Je vroeg om een duidelijke uitleg. Hoe kan dit worden verduidelijkt zolang je zit te dromen? De droom zal verdwijnen, als je ontwaakt. Alleen dan zal alles duidelijk worden. Kinderen, jullie dromen allemaal en jullie geloven dat de droom echt is. Geen enkele verklaring kan het jullie duidelijk maken. Totdat je ontwaakt en zolang je je vereenzelvigt met de droom, blijft het onduidelijk. Ontwaak en je zult beseffen dat je alleen maar droomde en dan zal alles duidelijker worden dan het meest duidelijke.

De twee vermogens van de geest

De geest heeft twee vermogens: het vermogen om te versluieren en het vermogen om te projecteren. Eerst versluiert de geest de ware natuur van een verschijnsel en dan beoordeelt hij het verkeerd. Daarom zegt Amma dat de geest een leugenaar is. Hij versluiert de waarheid en laat ons de waarheid voor iets anders aanzien.

Een man liep alleen over een dorpspad. Het werd donker en hij had moeite om zijn weg in het schemer te vinden. Plotseling werd hij door iets in zijn voet gebeten. Hij voelde met zijn hand de plek en ontdekte een kleine wond. Ook voelde hij dat het bloedde. Plotseling verstijfde hij van schrik toen hij naast zich in een struik een kronkelende slang zag. Hij moest door die slang zijn gebeten. De man raakte in paniek en schreeuwde luidkeels: "Help! Ik ben door een giftige slang gebeten! Ik ga dood! Kom alsjeblief en breng me naar een dokter!" De man was hysterisch. Hij riep en riep. Hij begon zich vreselijk moe te voelen en zijn hoofd begon te tollen alsof hij op het punt stond flauw te vallen. Hij ging op de grond zitten en bleef om hulp roepen. Na een paar minuten kwam een man uit het duister tevoorschijn. Hij had een zaklamp. Hij vroeg: "Wat is er aan de hand? Wat is er gebeurd?" De gewonde man antwoordde: "Ik ben door een giftige slang gebeten. Ik ga dood. Kunt u me naar een dokter brengen?" De vreemdeling zei: "Wees niet bezorgd. Natuurlijk zal ik je helpen. Maar waar is precies gebeurd?" De gewonde man antwoordde: "Hier, op deze plek. Kijk naar die struik. Daar ligt een slang!" De vreemdeling richtte zijn zaklamp op de struik en wat zag hij? Een stuk touw in een doornstruik. De vreemdeling zei: "Kijk eens goed! Het is een doornstruik. Je bent door een doorn gestoken en het ongelukkige is dat je het touw in het schemerlicht voor een slang aanzag. Dus was je overtuigd dat je door een slang was gebeten. Maar nu je de waarheid weet, kun je wel kalmeren." Toen de man eenmaal de waarheid wist, verdwenen alle symptomen van moeheid en duizeligheid en begon hij zich te ontspannen.

Zo speelt de geest spelletjes met ons. In dit voorbeeld versluierde de geest eerst de waarheid van het touw en toen projecteerde hij daarop de slang. De slang is je verleden. Dat is wat de geest steeds doet. Het Atman, de enige Waarheid, wordt verborgen en daarvoor in de plaats wordt de wereld der verschijnselen geprojecteerd. Het Atman (het Zelf) wordt verborgen en onze gedachten worden erop geprojecteerd. Deze misleiding door de geest gaat eindeloos door. De illusie kan alleen worden opgeheven wanneer een ware Meester je het licht van de ware kennis brengt. Dan zul je de Waarheid inzien en vredig zijn. Dan vindt het echte ontwaken plaats. Tot dan blijft de Waarheid onduidelijk."

Ontwaak en je zult het weten

Er was een korte onderbreking. Daarna stelde brahmachari Venu een vraag.

Vraag: "Amma, het ontwaken dat U zojuist noemde en de toestand van *sakshi bhava*, zijn die hetzelfde of zijn ze verschillend?"

Amma: "Zoon, zowel het ontwaken als de toestand van *sakshi bhava* vereisen dat je bewust bent. Ware spiritualiteit betekent volledig bewust zijn, ze zijn beide hetzelfde. De meeste mensen zijn zich niet bewust. Ze leven in een onbewuste wereld omdat hun geleerd is om zo te leven.

Een kind wordt met zuiver bewustzijn geboren, maar de samenleving leert het om onbewust te zijn. De mensen die het kind omringen, zijn ouders, broers en zusters, vrienden en de samenleving leren het kind verschillende gewoonten aan te nemen. Ze voeden hem op een bepaalde manier op, in een bepaalde religie, met een bepaalde cultuur, taal, voeding, onderwijs en gewoonten. Alles om het kind heen conditioneert hem. Hij wordt volledig verduisterd en men laat hem zijn ware natuur vergeten. Alles wordt hem geleerd, behalve hoe hij eenvoudig in zijn ware natuur kan verblijven. Zo wordt het kind onbewust als hij opgroeit; hij wordt verduisterd door alle conditioneringen die hem worden opgedrongen. Hij raakt zijn zuiverheid en onschuld kwijt en hem wordt nooit geleerd om stil te zijn.

Om bewust te zijn moet je stil zijn. Je kunt niet ontspannen zijn als je niet leert om de ketenen van de geest te verbreken. De oude heiligen en zieners hebben, met hun eigen leven als voorbeeld, ons de techniek getoond om de geest, de gedachten en alle slavernij die ze veroorzaken, op te lossen."

Venu onderbrak het gesprek en merkte opgewonden op: "Amma, waarom gaat U zo ver terug? U toont ons toch het juiste pad."

Zonder op die opmerking in te gaan, ging Amma door.

"Leer om te zijn wat je maar wilt in je leven en leer tegelijkertijd deze techniek om onder alle omstandigheden volledig bewust te zijn. Als je eenmaal deze kunst hebt geleerd, zul je altijd bewust zijn en getuige zijn van alles wat er om je heen gebeurt zonder erin betrokken te raken.

Stel dat er kwaadheid in je opkomt. Weet dat het er is. Weet dat er een kwade gedachte in je is opgekomen. Wanneer je je hiervan bewust bent en het duidelijk kunt zien, hoe kun je dan in zo'n stemming betrokken raken? Boosheid is een ramp. Niemand wil bewust in zo'n toestand raken. Het vervuilt en vergiftigt alles en iedereen. Boosheid en alle andere negatieve stemmingen van de geest zijn rampzalig. Ze komen onbewust op. Als je bewust bent, volledig wakker en voortdurend oplettend, kunnen ze geen enkele invloed op je hebben. Als een emotie je geest verlaat, sla het dan bewust gade. Nu gebeurt alles zonder dat we het weten; we worden door al onze gedachten en emoties meegesleept, alsof we innerlijk in diepe slaap zijn.

Sakshi bhava kan zowel een oefening als een permanente toestand zijn. Als je permanent in die toestand gevestigd bent, dan zal het spontaan en volledig natuurlijk worden. Getuige zijn zal alleen plaatsvinden als je altijd wakker bent. Er is in die toestand geen plaats voor de droomwereld die door het verleden is geschapen. Het verleden moet sterven. De geest moet wegsmelten, zodat *sakshi bhava* kan plaatsvinden.

Kinderen, jullie ware natuur is als de hemel, niet de wolken. Jullie natuur is als de oceaan, niet de golven. De hemel is Zuiver Bewustzijn en de oceaan is Zuiver Bewustzijn. De hemel is slechts getuige van de wolken. De oceaan is slechts getuige van de golven. De wolken zijn niet de hemel. De golven zijn niet de oceaan. Wolken en golven komen en gaan. De hemel en de oceaan blijven als ondergrond bestaan voor het bestaan van de wolken en de golven. Zij hebben op zichzelf geen bestaan, zij zijn onwerkelijk en veranderen voortdurend. Zoals de hemel en de oceaan is de Getuige de ondergrond. Alles gebeurt binnen die hoogste toestand van getuige zijn, maar de Getuige wordt er niet in betrokken. De Getuige is alleen, zuiver en onbewogen.

Op dezelfde wijze komen en gaan de geest en zijn gedachten. Ze zijn onwerkelijk en vergankelijk. Ze zijn als de kortstondige wolken aan de hemel en de golven in de zee. Zij kunnen je bewustzijn niet raken. Onder het oppervlak blijft je bewustzijn zuiver en onbewogen. Dat Zuiver Bewustzijn dat eeuwig bewust is van alles wat gebeurt, is de Getuige, de *Sakshi,* van alles.

In *sakshi bhava* gevestigd raken betekent eeuwig bewust zijn. *Sakshi bhava* kan niet ontstaan als je niet volledig wakker bent in volmaakt bewustzijn."

Een bezoekende volgeling zei: "De *Lalita Asthotarra* (de 108 namen van de Goddelijke Moeder) zegt dat Devi de Getuige is van alle drie toestanden van de geest, namelijk: *jagrat* (de waaktoestand), *swapna* (de droomtoestand) en *sushupti* (de toestand van diepe slaap). *Jagrat swapna sushuptinam sakshi bhuttyai namah.*" De volgeling vouwde zijn handen samen en zei: "O Amma, we geloven dat U Lalita Parameshwari bent, de Hoogste *Sakshi,* die de getuige is van alle drie de toestanden van de geest."

Amma begon een lied te zingen *Uyirayi Oliyayi.*

O Godin Uma,
Leven, Licht en Kracht van de aarde,
waar bent U?
O Wijze, die de wind, de zee en het vuur bent,
Hebt U geen mededogen met me?

U bent de ware, verborgen Kennis
en in Uw afwezigheid
is alle wijsheid van de wereld ver weg gevlucht.

Wedergeboorten worden eindeloos herhaald,
onwerkelijkheid is werkelijkheid geworden
en de onrechtvaardigheid neemt toe.

De aap van de geest dwaalt onophoudelijk rond
de vrucht van verwaandheid in zijn hand houdend.
Omdat hij niet nadenkt over zijn ware natuur
wordt hij voedsel voor de God van de Dood.

Na het lied was Amma diep in meditatie verzonken. Ze zat volledig stil en was verdiept in Haar eigen natuurlijke transcendente bewustzijnstoestand. Het leek alsof Ze volledig onthecht was. De uitleg die Ze zojuist over de hoogste bewustzijnstoestand had gegeven, had kennelijk de dunne sluier tussen Amma's ware natuur en de uiterlijke wereld weggenomen. Amma heeft eens gezegd: "Er is een dunne sluier geschapen alleen maar om hier bij jullie allemaal in deze wereld te zijn. Maar Amma kan dat dunne gordijn verwijderen op elk moment dat Zij het wenst te verwijderen."

Soms kun je ook Amma's onpersoonlijk aspect ervaren als je bij Haar zit en naar Haar kijkt. Op dit moment kon men een glimp van deze hoogste toestand in Amma opvangen. Tegen de achtergrond van de onmetelijke oceaan met de golven die op het met maanlicht overgoten strand braken en de eindeloze hemel met zijn ontelbare stralende sterren leek Amma in Haar verheven spirituele toestand een ondoordringbaar mysterie. De hele atmosfeer was doordrongen van een voelbare spirituele energie, een zeldzame diepe ervaring die in allen een heel vredig gevoel gaf. Het was een moment van pure gelukzaligheid. Bijna een kwartier ging zo voorbij. En hoewel er een koele zeewind stond, dacht niemand eraan om zich maar enigszins te bewegen.

Het was bijna twaalf uur toen er een lichte beweging in Amma's lichaam te zien was. En een paar seconden later keerde

Ze naar Haar normale uiterlijke bewustzijn terug. Iedereen merkte spoedig op dat Amma zich had bewogen.

Enkele vissers waren uit hun hutten te voorschijn gekomen om te zien wat er op dit ongewone tijdstip in de nacht aan de hand was. Enkele van hen sloten zich bij de groep aan.

Gehechtheid is een ziekte

Kort daarna kon men Amma weer horen praten. Ze zei: "De mensen hebben twee grote problemen. De eerste ontstaat als je niet krijgt wat je verlangt. De tweede probleem is vreemd, omdat het ontstaat als je krijgt wat je verlangt."

Vraag: "Amma, dat klinkt vreemd! Hoe kan een probleem ontstaan als je krijgt wat je verlangt?"

Amma: "Zoon, het is eenvoudig. Als je wensen vervuld worden, zal dat een reeks problemen veroorzaken omdat je gehecht raakt aan wat je hebt verkregen. En als je het object van je verlangens hebt verkregen, zal je volgende stap zijn het te beschermen en je bezitsdrang zal alleen maar blijven toenemen. De geest zal erg onrustig worden, of je nu krijgt wat je wilt of niet. In je strijd om wat je hebt verkregen te beschermen, zul je de vrede in je geest kwijtraken. Het werkelijke probleem is dan de gehechtheid, die door de problematische geest wordt veroorzaakt. Gehechtheid is een ziekte. Als iemand te gehecht is, kan het hem zelfs gek maken.

Je kunt niet aan iets in de wereld gehecht zijn en tegelijkertijd vreedzaam zijn, omdat te veel gehechtheid veel spanning in de geest veroorzaakt. En dit eindigt onvermijdelijk in lijden. Als je te gehecht aan iets raakt, zal de opwinding en de angst, die uit die gehechtheid voortkomen, het denken versnellen en de chaos in je geest vergroten. De spanning die dan ontstaat is zodanig, dat je geest niet te beheersen is. Je weet niet meer welke kant je op moet gaan en je verliest elk gevoel van helderheid. Je geest wordt als een bos na een wervelstorm. Tot nu toe kon je alles in je leven, tot op zekere hoogte, van een afstand bekijken. Maar nu de spanning van de gehechtheid zijn hoogtepunt heeft bereikt, wordt de last te zwaar en weet je niet meer wat je moet doen of hoe je het moet aanpakken.

Je verliest je greep op het leven en als je je erg eenzaam en teleurgesteld voelt, word je een gewillig slachtoffer van je geest. Je zult in je eigen gedachten verdrinken. Ze overstelpen je en slokken je op, omdat je met de geest en al zijn negatieve emoties vereenzelvigd bent. Je zult dan emotioneel instorten en je wordt dan gedwongen in het donkerste gebied van de geest te verblijven. Je kunt zelfs gek worden. Dit is wat gehechtheid ons kan aandoen. Amma zal jullie een verhaal vertellen dat Ze heeft gehoord.

Een man bezocht eens een goede vriend die dokter in een psychiatrisch ziekenhuis was. De dokter leidde hem rond langs de patiënten. In een cel zat een man op een stoel heen en weer te schommelen terwijl hij heel gelukkig de naam 'Pumpum, Pumpum, Pumpum' herhaalde. De bezoeker zei tegen de dokter: "Arme man. Wat is zijn probleem? Wie is deze Pumpum?" De dokter antwoordde: "Pumpum was zijn geliefde. Zij gaf hem de bons en ging er met een andere man vandoor, waardoor hij krankzinnig is geworden." De bezoeker zuchtte en vervolgde zijn bezoek aan de andere patiënten. Toen ze langs een andere cel kwamen, was de bezoeker verrast om een man te zien zitten die met zijn hoofd tegen de muur bonsde en dezelfde naam "Pumpum, Pumpum, Pumpum" uitriep. De bezoeker vroeg de dokter: "Wat is dit? Heeft Pumpum ook iets met deze man te maken?" De dokter antwoordde: "Ja, dit is de man met wie Pumpum uiteindelijk is getrouwd."

Er was een uitbundig gelach toen Amma het verhaal beëindigde. In de stilte van de nacht klonk het als een explosie. Geleidelijk ebde het lachen weg en ging op in het geluid van de zee. Om ongeveer half één 's nachts stond Amma op en ging, gevolgd door Haar kinderen, terug naar de ashram.

Het was een prachtige nacht geweest. Dit zijn onvergetelijke gebeurtenissen die een diepe indruk in het hart van de volgeling achterlaten, onschatbare gebeurtenissen waarover men veel na kan denken. Het is een zeldzame zegen om bij een ware levende Meester te zijn, de meest zeldzame en meest kostbare zegen die een mens kan krijgen. Deze momenten zullen later in de volgeling eindeloze golven van intense liefde en verlangen creëren, die hem uiteindelijk diep in zijn eigen bewustzijn doen duiken en tot grote hoogten van spirituele gelukzaligheid op doen stijgen. Gezegend zijn inderdaad degenen die omgaan met een grote Meester als Amma.

Als Amma zegt: "Wees niet bezorgd"

Een volgeling zei: "Als Amma zegt 'Wees niet bezorgd', dan heeft het geen zin om bezorgd te zijn, omdat het probleem op de één of andere manier zal worden opgelost."

Dit is de ervaring van veel volgelingen. De volgeling die dit opmerkte, was die avond met zijn hele gezin naar de ashram gekomen om Amma te zien en Haar zegen te ontvangen. Hij had een bijzondere reden voor deze opmerking.

Anderhalf jaar geleden was zijn dochter met een vrome jongeman getrouwd en het echtpaar was samen aan een zeer gelukkig huwelijksleven begonnen. Tot ontzetting van de familie werd een paar maanden na het huwelijk bij de jonge vrouw baarmoederkanker geconstateerd. Zij was toen vijf maanden zwanger. Volgens de artsen was dit een ernstig en buitengewoon gecompliceerd geval. Er was een tumor in de baarmoeder, waarvan werd gevreesd dat hij kwaadaardig was en die operatief verwijderd moest worden. De artsen waren pessimistisch over de kansen van de operatie. Ze

geloofden niet dat het kind het zou overleven en de overlevings-
kansen van de moeder waren ook heel klein. De artsen vertelden
de ouders van de jonge vrouw dat alleen God hun dochter en de
baby kon redden. De bezorgde ouders gingen naar Amma, hun
enige bron van hoop. Ze vertelden Haar over de levensbedreigen-
de ziekte van hun dochter en baden om Haar Genade. De hele
familie was erg aan Amma toegewijd sinds ze Haar voor het eerst
in 1981 ontmoetten. Steeds als ze een probleem hadden, gingen
ze altijd naar Amma om Haar Genade en leiding te vragen.

Amma luisterde naar hun probleem en nadat Zij Haar diepe
bezorgdheid voor hun dochter had getoond, zei Ze tegen hen:
"Wees niet bezorgd. Amma zal zowel voor jullie dochter als voor de
baby zorgen." Ze hadden volledig vertrouwen in Amma en nadat
Zij dit gezegd had, maakten ze zich geen zorgen meer, hoewel
de dochter de operatie vier maanden later nog moest ondergaan.
Hun vertrouwen in Amma's woorden bleek voor de volle honderd procent juist te zijn. De operatie werd uitgevoerd, het kind
werd operatief verlost en tot verbazing van de artsen overleefden
zowel moeder als kind het. Uit de baarmoeder werd een tumor
van twee kilo verwijderd. En hoewel de artsen nog complicaties
verwachtten, waren er helemaal geen complicaties; alles verliep
gladjes. Zowel moeder als kind waren volledig gezond.

Toen Amma uit Haar kamer kwam, rende het gezin, dat vol
verlangen op Haar *darshan* wachtte, naar Haar toe. Zij knielden
voor Haar neer en legden het pasgeboren kind aan Haar voeten.
Met tranen van dankbaarheid in haar ogen zei de moeder van het
kind tegen Amma: "Amma, alleen door Uw Genade is hij geboren." Amma pakte het kind op en hield het in Haar armen. Ze
streelde het en zei: "Hoeveel narigheid heb je je moeder bezorgd
om haar jou het leven te kunnen schenken!"

Amma zat onder aan de trap van Haar huis. Al snel stonden
de ashrambewoners om Haar heen. Het kind bleef maar naar

Amma kijken en staarde intens naar haar gezicht. Hij had een donkere huid en daarom noemde Amma hem 'Karumba' (de donkere). Amma zei: "Zoon, je bent net zo donker als Amma. Wil je niet blank zijn als je moeder?" Toen begon het kind te huilen. Amma zei: "Het lijkt of hij het niet leuk vindt dat Amma hem Karumba noemt."

De grootvader van het kind kon zich niet inhouden en zei opgewonden: "Nee hoor! Hij was erg gelukkig toen U hem 'de donkere' noemde. Hij vond het ook fijn te horen dat hij net zo donker is als U, Amma. Maar hij vond het niet leuk toen U vroeg of hij blank als zijn moeder wilde zijn. Hij protesteert en daarom huilt hij!"

Iedereen genoot van die lieflijke opmerking en lachte waarderend. Amma lachte ook mee en gaf de baby terug aan zijn moeder.

De noodzaak van tapas

Amma richtte zich tot de ashrambewoners die naast Haar zaten en zei: "Er is ontzaglijk veel *tapas* nodig voor elke nieuwe geboorte. Neem bijvoorbeeld de geboorte van een kind. Een moeder doet tijdens haar zwangerschap letterlijk *tapas*. Ze moet erg voorzichtig zijn met alles wat ze doet, hoe ze zich beweegt en zelfs hoe ze ligt. Ze mag bepaald voedsel niet eten. Ze mag zich niet inspannen door te veel fysiek werk te doen. Ze moet bepaalde situaties misschien vermijden waarin ze nerveus of kwaad kan worden. En het zou niet goed voor haar zijn om te piekeren of bang te zijn. Alleen als de moeder alle instructies van haar dokter opvolgt, zal zij het leven schenken aan een gezond en intelligent kind. Als ze een fout maakt, zou dat het kind kunnen schaden. De zwangere vrouw zal voortdurend aan haar kind denken. Ze zal het kind nooit een ogenblik vergeten en haar oplettendheid is enorm. Op dezelfde wijze moeten wij voor de spirituele geboorte die in ons gaat plaatsvinden, dezelfde inzet opbrengen. Deze inzet noemt men *tapas*.

Voor alles wat geboren wordt is veel *tapas* nodig, of het nu bijvoorbeeld de stichting van een staat is of de vestiging van een zaak. Alleen door *tapas* kan men op elk gebied het hoogste bereiken, het maakt niet uit wat het is. Of je nu spiritueel bent of overwegend materialistische doelen hebt, het is absoluut noodzakelijk om *tapas* te doen als je echt succes op je gebied wilt hebben.

Het zoeken naar het bereiken van het spirituele is als sterven en opnieuw geboren worden. Het is nodig dat het ego sterft. Alleen dan kan het echte jij worden geboren. En net als bij iedere geboorte zul je *tapas*, intense *tapas* moeten ondergaan. *Tapas* is in zekere zin onvermijdelijk. Het is de pijn die je moet ondergaan in het proces om iets te bereiken. Om het spirituele doel te bereiken is een zeer grote hoeveelheid *tapas* nodig. Het verschil tussen het spirituele doel en andere aspiraties ligt alleen in de hoogte. Spirituele realisatie is het hoogste soort geluk dat je kunt bereiken en daarom is de prijs die je ervoor moet betalen ook erg hoog.

Het is een kwestie van gezond verstand. Het geluk dat we in de uiterlijke wereld verwerven, is vergankelijk; het blijft niet lang bij ons. Het is er een moment en het volgende moment is het verdwenen. Maar bij spirituele gelukzaligheid is dit niet zo. Als de uiteindelijke doorbraak er eenmaal is, dat wil zeggen als je eenmaal de beperkingen van lichaam, geest en intellect te boven gaat, als je eenmaal die toestand hebt bereikt, dan is er geen terugkeer. De gelukzaligheid is er voor eeuwig, het is oneindig. Maar om dit te laten gebeuren moet je er dienovereenkomstig voor betalen. Het is niet genoeg om slechts met een deel van jezelf te betalen, je moet met alles betalen. Je hele leven moet je ervoor geven.

Je moet heel veel opofferen als je een paar materiële voorwerpen wilt verkrijgen of als je een hogere positie wilt bereiken of beroemd wilt worden. Je moet studeren en veel oefenen om een goede opleiding te krijgen en de bevoegdheden die je nodig hebt. Vele mensen offeren de genoegens van het gezin op om in de maatschappij een hogere positie te bereiken of om de zaak meer winst te laten maken. Veel tijd en energie moeten in dat doel gestoken worden. Hoe meer geluk je wenst te ervaren, hoe meer inspanning er nodig is en hoe meer je ervoor moet betalen.

Hoe sterk je op het materiële vlak ook groeit, het lijden en de spanning zullen bij je blijven. Dat houdt niet op. Maar bij spiritualiteit verdwijnen alle leed en spanning als je eenmaal het hoogtepunt hebt bereikt. Je zult totaal onafhankelijk en volledig ontspannen zijn.

Als je daarentegen in je eigen dorp wilt blijven wonen en met je bescheiden werk tevreden bent en ervan geniet om bij je gezin te zijn, is dat best. Het zal minder inspannend zijn en het zal veel minder tijd en energie van je vergen. De *tapas* of de pijn die je moet ondergaan, zal relatief gering zijn. Maar als je erg ambitieus bent en meer geld wilt verdienen, omdat je gelooft dat dit je gelukkiger zal maken, dan zul je veel meer *tapas* moeten verrichten. Als je een dokter of een wetenschapper in het buitenland wilt worden, bijvoorbeeld in de Verenigde Staten, dan zal de intensiteit van *tapas* (inzet) of de pijn die nodig is, heel groot zijn.

Dus als iemand de gelukkigste mens op aarde wil worden, is het leiden van een spiritueel leven met het intensief verrichten van *tapas* de enige manier om de hoogste vorm van geluk te verwerven. Dit is simpele logica. Als je slechts de eigenaar van een paar bezittingen wilt worden, een huis, een auto of een stuk land, moet je er erg veel voor betalen en gaat het met veel opoffering gepaard. Maar spiritualiteit is als de eigenaar van het hele universum worden. Het universum wordt van jou; het wordt jouw dienaar en jij wordt de meester. Je kunt je de hoeveelheid *tapas* wel voorstellen die je moet verrichten om het universum te bezitten, om zo rijk te worden, om de Heer van het Universum te worden, om voor eeuwig de allergelukkigste te zijn.

Ja kinderen, het is een nieuwe geboorte. Om werkelijk spiritueel te worden moet je opnieuw geboren worden. En alleen als jij sterft, zal het echte Jij geboren worden.

Als het omhulsel van een zaadje sterft, komt het plantje te voorschijn. Geleidelijk groeit het uit tot een schaduwrijke boom met een overvloed aan vruchten en bloemen. Evenzo moet het uiterlijk omhulsel, het lichaam en het ego, sterven, zodat we in het Atman (het Zelf) kunnen groeien.

Zoals een moeder bereid is om de pijn van de bevalling te verdragen, zo moet een ware *sadhak* (spirituele beginneling) bereid zijn om de pijn van *tapas* met veel doorzettingsvermogen en met een reusachtig bewustzijn te doorstaan, zodat hij kan opengaan tot een goddelijke, mooie en geurende bloem. De knop opent zich om de bloem zich te laten ontvouwen en als de knop openbreekt, is daar enige pijn mee gemoeid. In deze fase is je hart als een knop, en om je hart te openen zijn de pijn en de hitte van *tapas* onvermijdelijk. *Tapas* betekent letterlijk hitte. Alleen de hitte van *tapas*, de pijn en het verlangen dat het creëert, kan de geest met al zijn gedachten en *vasana's* (neigingen) en het ego verbranden. Het proces van openen is pijnlijk, maar als de goddelijke bloem van het hart eenmaal is geopend, is de schoonheid en de charme ervan niet te beschrijven en eeuwig."

Wees een onschuldige beginneling

Vraag: "Wat is de beste manier om dit openen te laten gebeuren?"

Amma: "Zoon, kun je voor altijd een beginneling blijven? Een onschuldige beginneling blijven is de beste manier om dit openen te laten gebeuren."

Een brahmachari riep: "Beginneling! Wat bedoelt U daarmee, Amma?"

Amma: "Ja zoon, alleen als je je bewust bent van je onwetendheid, kun je de houding van een beginneling bewaren. Een beginneling is altijd onwetend en hij weet dat hij onwetend is. Daarom luistert hij aandachtig. Hij is open en ontvankelijk. Als je eenmaal denkt dat je het weet, dan luister je niet meer; je praat alleen. Je geest en intellect raken vol. Je bent geen beginneling meer, je bent veranderd in een geleerde. Maar in werkelijkheid is een geleerde meer onwetend dan de anderen, omdat hij volledig gesloten is. Het vermogen om open te staan en ontvankelijk te zijn is hij kwijt geraakt. Hij mag dan wel geleerd zijn, maar hij weet niet echt. Echt weten is anders dan geleerd zijn. Je moet openstaan om te weten. Je moet een onschuldige beginneling zijn.

De beginneling is in staat om nederig te buigen en daarom stroomt de ware kennis naar hem toe. Maar een geleerd iemand zit alleen maar vol informatie en heeft de neiging om egoïstisch te zijn. Daarom kan hij niet buigen en nederig zijn. Ware kennis kan hij niet ontvangen. Daar is geen plaats voor en daarom gaat de kennis aan hem voorbij. Amma zal jullie een verhaal vertellen.

Eens leefde er diep in een woud een *Mahatma*. Op een dag kwam een zeer geleerd iemand naar het woud om hem te bezoeken. De geleerde had veel haast en zei tegen de *Mahatma*: "Vereerde Heer, kunt u mij iets over meditatie vertellen?" De *Mahatma* glimlachte en antwoordde: "Waarom heb je zo'n haast? Ga zitten, ontspan je en neem een kop thee. Dan zullen we daarover praten want we hebben tijd genoeg." Maar de geleerde was erg onrustig en ongeduldig. Hij zei: "Waarom kunnen we het niet meteen doen? Vertel me iets over meditatie!" Maar de *Mahatma* stond erop dat de geleerde zou gaan zitten, zich zou ontspannen en een kop thee zou nemen, voordat hij met hem zou praten. Ten slotte moest de geleerde toegeven aan de *Mahatma* en ging zitten. Maar hij kon zich onmogelijk ontspannen omdat het niet de natuur van een geleerde is. Hij zat voortdurend in zichzelf te praten. De *Mahatma* nam alle tijd. Hij zette thee en ging naar de geleerde die ongeduldig op hem zat te wachten. De *Mahatma* gaf de geleerde een kop en schotel en begon de thee in te schenken. Het kopje raakte vol, het begon over te lopen, maar de *Mahatma* stopte niet met inschenken. De geleerde riep: "Wat doet u? Het kopje is vol! Stop met schenken!" Maar de *Mahatma* bleef maar schenken. De thee stroomde over op het schoteltje en vanaf het schoteltje begon het langzamerhand op de vloer te druppelen. De geleerde schreeuwde luidkeels: "Hé, bent u blind? Ziet u niet dat het kopje vol is en dat er geen druppel meer bij kan?" De *Mahatma* glimlachte en stopte met inschenken. Hij zei: "Dat is juist, het kopje is vol en er kan geen druppel meer bij. Dus je weet dat als een kopje vol is, er niets meer bij kan. Hoe kun jij, die boordevol informatie zit, dan naar mij luisteren als ik over meditatie spreek? Het is onmogelijk. Maak dus eerst je geest leeg en dan zal ik met je praten. Maar meditatie is een ervaring die niet met woorden kan worden uitgelegd. Meditatie gebeurt alleen als je je bevrijdt van je geest en je gedachten."

Amma vervolgde: "Geleerde mensen en intellectuelen weten alleen hoe ze moeten praten, maar ze kunnen niet luisteren. Luisteren is alleen mogelijk als je innerlijk leeg bent. Alleen iemand die de houding 'ik ben een beginneling, ik ben onwetend' heeft, kan met vertrouwen en liefde luisteren. Anderen kunnen niet luisteren.

Als je twee geleerden met elkaar ziet praten, zie je dat geen van twee luistert naar wat de ander zegt. Maar je ziet ook dat de ene zwijgt terwijl de ander aan het woord is en omgekeerd. Je kunt denken dat ze naar elkaar luisteren, maar dat doen ze in feite niet. Ze kunnen niet luisteren. Als de één praat, spreekt de ander misschien niet hardop, maar hij praat van binnen en vormt zijn eigen ideeën en interpretaties. Ieder wacht tot de ander zwijgt, zodat hij kan beginnen. Er is geen verband tussen wat ze tegen elkaar zeggen. De één spreekt over A en de ander heeft het over Z. Ze zijn allebei geen goede luisteraar. Ze weten alleen hoe ze moeten spreken."

Hoe te luisteren

"Als je een goede leerling wilt worden, moet je een goede luisteraar worden, een luisteraar met vertrouwen en liefde. Je moet altijd de houding van een beginneling hebben zodat je goed kunt luisteren. Zo'n beginneling zal helemaal open staan en zo onschuldig zijn als een kind.

Vraag: "Amma, ik vind dat ik wel luister als U spreekt. Ik denk niet dat ik in mezelf praat als U spreekt. Of wel?"

Amma: "Zoon, Amma zegt niet dat je niet luistert. Je luistert wel, maar slechts gedeeltelijk. Je luistert met je geest. Je luisteren is verdeeld, niet onverdeeld.

Als je bijvoorbeeld kijkt naar mensen die naar een cricketpartij of een voetbalwedstrijd kijken, dan zie je dat ze zichzelf soms vergeten. Wanneer hun favoriete speler de bal werpt of trapt, maken ze ook grappige bewegingen met hun handen of voeten en soms zie je vreemde uitdrukkingen op hun gezicht. Ze nemen met heel hun lichaam aan het spel deel. Maar ze vergeten zichzelf niet helemaal; ze zijn nog steeds aanwezig en worden slechts gedeeltelijk door het spel in beslag genomen.

Als een groot musicus optreedt, doet het publiek mee. Ze schudden hun hoofd en klappen met hun handen. Maar dit is slechts gedeeltelijke deelname, alleen emotionele deelname. Je hele wezen is er niet bij betrokken.

Als je naar een lied luistert, ben je aanwezig, maar als je er helemaal aan deelneemt, ben je volledig afwezig. Je vergeet dan jezelf. Je hele wezen, elke cel van je lichaam opent zich en je ontvangt alles zonder een druppel te missen. Als je het object van je gedachten of meditatie in je opneemt, word je er één mee. Bij dit soort deelname ben je volledig afwezig. Het is alsof de speler er niet is, alleen het spel is er. De zanger is er niet, alleen het lied is er.

Wanneer Mira Bai zong en danste, nam heel haar wezen eraan deel. Wanneer de *gopi's* van Vrindavan ernaar verlangden om Krishna te zien, deden ze dat met heel hun wezen. Ze vergaten zichzelf en raakten vereenzelvigd met Krishna.

Je luisteren wordt alleen volledig als je hele wezen deelneemt. Dan alleen zal de ware kennis je binnen stromen. Als je leert om met heel je wezen naar de Meester te luisteren, ben jezelf niet aanwezig. Je kunt niet aanwezig zijn. Je geest en ego kunnen niet aanwezig blijven, als je op die manier luistert of deelneemt. Je vereenzelvigt je met je Meester, met zijn oneindig bewustzijn, en je wordt alles.

Eens gingen Heer Krishna en Arjuna wandelen. Zij hadden een lang en aangenaam gesprek. Op een gegeven ogenblik zei Krishna tot Arjuna: "Jij zegt dat je gelooft dat ik een incarnatie van God ben? Kom dan met me mee want vandaag is er iets wat ik je wil laten zien." Ze liepen samen door het landschap. Na een tijdje stopte Krishna en wees naar een grote wijnstok die op een akker groeide. Hij vroeg: "Wat zie je daar?" Arjuna antwoordde: "Ik zie een reusachtige wijnstok met trossen rijpe druiven." De Heer zei: "Je hebt het mis, Arjuna. Dat is geen wijnstok en dat zijn geen druiven. Kijk er eens van dichtbij naar." Arjuna keek weer naar de wijnstok en tot zijn verbazing was er helemaal geen wijnstok voor hem. Er was alleen de Heer. En er waren helemaal geen trossen druiven, alleen ontelbare vormen van Krishna die aan de vorm van Krishna hingen.

Wanneer je met overgave deelneemt, word je alles en je vereenzelvigt je met het hele universum. Een nieuwe wereld opent zich voor je en je wordt voorgoed in die toestand gevestigd.

Drie soorten leerlingen

De geschriften spreken over drie soorten leerlingen. De beste en meest bekwame leerling luistert met heel zijn wezen naar de woorden van de Meester. Als de Meester hem zegt: "Jij bent Brahman", dan realiseert hij onmiddellijk Brahman, de Absolute Werkelijkheid. Hoe komt dat? Doordat hij met volledige overgave luistert. Zijn hele wezen neemt aan het luisteren deel. Hij luistert met onverdeeld vertrouwen en met onvoorwaardelijke liefde. Zo'n leerling moet een onlesbare dorst om te weten hebben. Hij drinkt de woorden van zijn Meester in, nee, hij drinkt met zijn hele wezen de Meester Zelf. De uitspraak "Jij bent Brahman" gaat direct naar zijn hart en hij realiseert het.

Zo'n leerling bewaart de houding van een beginneling, een onschuldige beginneling. Ook al heeft hij alle geschriften bestudeerd, toch blijft hij een beginneling en zo onschuldig als een kind. Hij is heel nederig en daarom stroomt de ware kennis bij hem naar binnen. De diepste kennis is alleen beschikbaar als je leert om met je hele wezen eraan deel te nemen en als je de kunst verstaat om voor de hele schepping in alle nederigheid te buigen.

De tweede soort leerling luistert, maar slechts gedeeltelijk. Het zal hem veel meer tijd kosten om de waarheid te verwerkelijken. Hij luistert, maar slechts emotioneel. Hij luistert niet totaal. Zijn luisteren is verdeeld; zijn vertrouwen en liefde zijn verdeeld. Daarom moet de Meester veel geduld met hem hebben zodat hij kan leren met volledige overgave te luisteren. Hij verstaat de kunst nog niet om alles te vergeten en met heel zijn wezen deel te nemen. Ware kennis kan alleen in hem stromen als hij met zo'n grote intensiteit naar de Meester luistert dat hij zichzelf vergeet. De steeds maar aarzelende en onzekere geest staat hem niet toe om een onschuldige beginneling te zijn. Daarom kan kennis niet in hem stromen. Soms lukt het hem, maar spoedig is de denkende geest weer terug. De ontvankelijkheid is erg wisselend, want de geest staat hem niet toe om stabiel in die toestand te blijven. De geest hoort zich er helemaal niet mee te bemoeien en moet geen vragen stellen. Alleen dan houdt de geest op zich erin te mengen en wordt volledig luisteren mogelijk. Tot dan zal de leerling slechts gedeeltelijk luisteren. Maar een ware Meester die de belichaming van geduld en mededogen is, zal hem helpen om het uiteindelijke doel te bereiken.

De derde soort leerling is geneigd intellectueel te zijn. Innerlijk is hij erg praatgraag en zijn geest bevat zoveel kennis dat hij helemaal niet kan luisteren. Zo'n leerling zal erg egocentrisch zijn en de houding van 'ik' en 'mijn' domineren in hem. De Meester moet met eindeloos veel geduld wachten om hem naar het licht te leiden. Het vermogen van de leerling om te luisteren is uiterst gering, omdat hij helemaal niet weet hoe hij een onschuldige beginneling moet zijn. Hij kan niet buigen en nederig zijn en daarom zal de ware kennis niet in hem stromen. Zelfs als de Meester steeds tegen hem herhaalt: "Jij bent God. Jij bent God. Jij bent Brahman, het Absolute", dan zal de leerling steeds in zichzelf afvragen: "Hoe? Waarom? Wat? Wanneer?" eindeloos lang, omdat zijn intellect volgepropt zit met zijn eigen denkbeelden en die van de geschriften. De Meester moet ontzaglijk veel geduld hebben om zo'n leerling op het juiste spoor te krijgen. Alleen de goddelijke discus kan in zo'n leerling een opening maken. De ware Meester zal uiteindelijk de goddelijke discus van ware kennis gebruiken om het ego van de leerling open te breken. Hij zal het intellect van de leerling leeg maken door hem de zware last van zijn pakhuis met beperkte kennis te laten voelen. En dan zal hij zijn hart met de ware kennis en het licht en de liefde van God, vullen. Dit is een geweldige taak die alleen door een ware Meester kan worden verricht."

Amma is een levend voorbeeld van iemand die alles met Haar hele wezen doet. Haar hele wezen neemt deel als Zij *darshan* geeft, als Zij spreekt of *bhajans* zingt en als Zij met iedereen in de ashram werkt. Amma gaat helemaal op in alles wat ze op het moment doet. Als Zij Haar kinderen tijdens *darshan* ontvangt, biedt Zij zichzelf aan hen aan en vergeet Zichzelf. Amma geeft niet om Haar eigen lichaam of enig fysiek gemak. Zij stelt zich volledig in dienst van Haar volgelingen en biedt Haar hele wezen aan hen aan als Zij deelt in hun geluk en verdriet, hun succes en mislukkingen. Ze is volledig aanwezig zonder de minste aanwezigheid van een ego of enig oordeel.

Wat Amma ook doet, Haar hele wezen neemt eraan deel. Zij is volledig in het nu. Wij zien alleen Haar uiterlijke vorm, maar daar is Zij niet. Zuiver Zijn bestaat alleen. Haar aanwezigheid en deelname is volledig en dat is erg inspirerend. Amma kan niets halfslachtig doen. Zij kan alleen in Haar volheid deelnemen. Het is deze volheid die Amma's aanwezigheid zo'n prachtige en onvergetelijke ervaring in iemands leven maakt. En het is deze volheid die een bijzondere bekoring en schoonheid toevoegt aan alles wat Zij doet. Het wordt een meditatie. Amma's glimlach, de manier waarop Ze loopt, Haar stem, Haar blik en Haar aanraking, alles wat Amma doet is zo volmaakt omdat Zij *Purnam* is. Zij is het Geheel.

Hoofdstuk 5

Amma was voor een paar dagen in Calicut. Het was Haar eerste bezoek aan dat gedeelte van de staat Kerala. Zij verbleef in het huis van een volgeling waar 's morgens ook *darshan* werden gegeven. Er was een constante stroom van volgelingen die iedere dag kwamen om Amma's *darshan* te ontvangen.

Amma zat op bed in Haar kamer, die erg groot was. Zij ontving de volgelingen één voor één. Amma's kamer was op de eerste verdieping en buiten de kamer stond een lange rij mensen geduldig op hun beurt te wachten. De rij liep via de trap naar beneden, voorbij de hoofdingang van het huis tot op straat. In Amma's kamer zaten enkele mensen in diepe meditatie terwijl anderen vol verwondering naar Amma zaten te kijken. De brahmachari's zongen *bhajans*. Een professionele musicus wilde een lied zingen over Amma dat hij zelf gecomponeerd had, namelijk *Paravasamannem Hridayam*.

> *Mijn geest wordt sterk verstoord*
> *door de ontelbare afleidende gedachten.*
> *O Moeder, wacht niet langer!*
> *Zorg voor deze arme ziel.*
>
> *Weet dat ik hulpeloos*
> *in de diepten van de zee val.*
> *O Moeder, die ons door de eeuwen heen bekend is,*
> *wilt U niet komen om mijn tranende ogen te troosten?*
>
> *Mijn geest is in de war met al zijn ongelukkige golven.*
> *Ik worstel in deze zee van vuur*
> *zonder de kust te bereiken,*
> *zonder Uw Lotusvoeten te aanschouwen.*

Een visioen van Amma als Parashakti

Toen het lied afgelopen was, stond een vrouw plotseling op terwijl zij van Amma *darshan* ontving, en begon te dansen en te zingen terwijl ze de mantra 'Om Parashaktyai Namah' herhaalde. De vrouw hield haar armen boven haar hoofd en hield haar handen samen. Haar ogen waren gesloten en tranen stroomden over haar wangen. Zij zag er erg gelukzalig uit. Ze had de rust en de blijdschap van iemand die volledig in meditatie geabsorbeerd is.

In die gelukzalige toestand riep de vrouw: "Vandaag ben ik werkelijk gezegend! Door Uw heilige voeten aan te raken ben ik gezegend en gezuiverd. Vandaag heb ik *Parashakti*[2] gezien. O Amma, verlaat me alstublieft niet."

Sommige volgelingen probeerden haar de kamer uit te dragen. Maar Amma verhinderde dat en zei: "Nee, nee, het is prima! Zij is in een gelukzalige toestand. Raak haar niet aan. Laat haar dansen en zingen." Nadat de volgelingen Amma's instructies hadden gehoord, gaven ze het idee op om de vrouw weg te dragen. Zij bleef nog een tijdje dansen en zingen in dezelfde gelukzalige toestand.

Later vertelde de vrouw over haar ervaring. "Toen ik voor Amma zat te wachten, keek Ze me aan en glimlachte zo liefdevol. Die glimlach was als een gelukzalige, elektrische schok voor me die mij zeer diep raakte. Ik had het gevoel dat ik al mijn lichaamsbewustzijn verloor. Ik knielde nederig voor Amma en Ik riep en bad: "O Amma, grote Bekoorster, bescherm me! O Amma, bescherm me! O Parvati, Heer Shiva's heilige gemalin, geef me toevlucht!" Met oneindig veel liefde en genegenheid hield Amma me vast en trok me naar Zich toe en legde mijn hoofd in Haar schoot. Daarna tilde Ze mijn hoofd op van Haar schoot en bracht tussen mijn wenkbrauwen sandelpasta aan. Deze goddelijke aanraking was weer een hoogst gelukzalige ervaring. Mijn ogen

---

[2] De Hoogste Kracht of de Goddelijke Moeder.

gingen wijd geopend. Het was als een ervaring in de kosmische ruimte. Ik was volledig ondergedompeld in een goddelijk gevoel dat zo vol en voelbaar aanwezig was. Het voelde alsof ik in de lucht zweefde, zwevend in een gevoel van volmaakte volheid. Maar wat ik voor mij zag, was iets ongelooflijk. Het was geen droom of een illusie. Het was net zo werkelijk en helder als ik jullie hier nu zie."

De vrouw was erg opgewonden. Ze kon niet meer praten en haar woorden stokten in haar keel. Haar ogen stonden vol tranen en ze leek in vervoering te zijn. De toehoorder die graag de rest van haar verhaal wilde horen, zei tegen haar: "Vertel me alstublieft wat voor visioen u heeft gehad. Wat zag u?"

Het lukte de vrouw om haar emoties te bedwingen en ze zei: "Ik zag de prachtige en bekoorlijke vorm van Devi voor me in al Haar pracht en glorie, zittend in de lotushouding met al Haar wapens. Woorden schieten tekort om die schitterende ervaring te beschrijven. Mijn hart was dronken van gelukzaligheid. Er was alleen maar gelukzaligheid, gelukzaligheid, gelukzaligheid. Ik verdronk in de hoogste gelukzaligheid." Toen de vrouw over haar ervaring sprak, klonk ze erg gelukzalig.

Het vierdaagse bezoek aan Calicut was onvergetelijk. Een eindeloze stoet van volgelingen kwamen om Amma's zegen te ontvangen. De ochtend*darshan* die om half tien begon, eindigde elke middag tussen vier uur en half vijf. De meeste avondprogramma's vonden in verschillende openbare gelegenheden plaats. Mensen uit alle beroeps- en bevolkingslagen kwamen om Amma te ontmoeten. Er waren kinderen, ouderen, *sannyasi's*, intellectuelen, studenten, advocaten, artsen, arbeiders, politici en journalisten. Tijdens de ochtend*darshan* was er geen ruimte meer vrij. De wijze waarop Amma aan de volgelingen *darshan* geeft is niet te beschrijven. Zoals iemand zichzelf in een spiegel ziet, zien de mensen in Amma hun ware natuur, hun ware Zelf. Ze voelen dat hun levensdoel vervuld is. En Amma vervult hun verlangens; Ze weet wat ieder van hen wil en dat is in de onuitputtelijke bron van Haar oneindige Zelf in overvloed beschikbaar.

Is religie verantwoordelijk voor de conflicten van tegenwoordig?

Een journalist die Amma tijdens Haar bezoek aan Calicut bezocht, had het volgende gesprek met Haar:

Vraag: "Amma, religie en spiritualiteit worden geacht om de mens op het juiste pad te brengen en hen een vredige geest te geven. Religieuze en spirituele mensen moeten als katalysatoren werken die harmonie en integriteit in de samenleving en onder de mensen brengen, nietwaar? Maar het lijkt erop dat zij degenen zijn die veel verwarring, conflicten en gebrek aan integriteit in de samenleving creëren. Heeft U hier een verklaring voor?"

Amma: "Zoon, het probleem is niet aan religie of spiritualiteit te wijten, maar het zit in de menselijke geest. De essentiële principes van alle religies leren liefde, vrede en harmonie. De spirituele meesters hebben nooit egoïsme gepredikt, noch hebben zij mensen aangemoedigd om tegen elkaar te vechten.

De conflicten en problemen van tegenwoordig, die in naam van religie bestaan, zijn toe te schrijven aan een gebrek aan juist begrip van de religieuze beginselen.

In deze moderne tijd leven de mensen meer vanuit hun geest dan vanuit hun hart. De geest is verwarrend. Het is het tehuis van egoïsme en slechtheid. De geest is de zetel van al onze twijfels en het intellect is de zetel van het ego. Wanneer je meer in de geest en het ego verblijft, stel je enkel belang in geld, roem en macht. Je stelt geen belang in anderen; je denkt alleen aan jezelf en aan je status. Er zijn geen gevoelens in je hart. Het intellect laat je denken: 'Ik en ik alleen'. De geest zal je bezig houden met allerlei

78

twijfels, achterdocht en gehechtheid. Zonder vertrouwen, liefde en mededogen schep je een hel in jezelf.

De intellectuelen interpreteren; de mensen geloven in deze verdraaide interpretaties en vervolgens strijden ze met elkaar. Dit is wat er in onze samenleving gebeurt. In elke religie zijn er intellectuelen en zijn er mensen die naar hen luisteren. De intellectuelen interpreteren de leringen van de geschriften en van de meesters van hun religie, en de argeloze mensen vallen gemakkelijk ten prooi aan hun definities van de waarheid, wat op onderlinge strijd uitloopt. De intellectuelen worden de leiders en raadgevers waar men eerbied voor heeft. Hun volgelingen idealiseren hen en vereren hen als God. In wezen is men God helemaal vergeten. De waarheid en de essentiële principes van religie zijn helemaal vergeten. Het werkelijke doel van religie en religieuze oefeningen worden verwaarloosd.

Helaas worden de meeste religies door intellectuelen geleid. Alleen het hart kan iemand leiden, maar men is het hart vergeten. Alleen een ware Meester die in het hart verblijft, kan het pad van religie verlichten. Alleen zo iemand kan de mensen verenigen en alleen hij kan de mensen het werkelijke belang van religie en de religieuze beginselen in laten zien.

Iemand die echt begrip van ware religie heeft, kan religie en de ware religieuze meesters niet de schuld geven van het onheil dat tegenwoordig in de naam van religie plaatsvindt. Het is de fout van de intellectuele vertolkers en niet van hun onschuldige volgelingen. De zogenaamde religieuze leraren, de zogenaamde fakkeldragers van de religie dragen de volledige verantwoordelijkheid, want zij misleiden de mensen. Zij willen hun eigen ideeën en kwade visie aan anderen opleggen. Ze zijn vol van hun eigen denkbeelden en interpretaties en willen dat de mensen naar hen luisteren. De ego's van deze zeer egoïstische personen hunkeren naar aandacht en omdat zij naar waardering snakken, laten zij onschuldige gelovigen tot hen bidden, tot hun ego.

Hun onschuldige volgelingen hebben volledig vertrouwen in hun woorden, in hun verkeerde interpretaties. Natuurlijk is het ego veel sterker dan de geest. De geest is innerlijk zwak. Het ego is vastberaden, terwijl de geest altijd onzeker, besluiteloos en wispelturig is. De intellectuele vertolkers van bijna alle religies hebben een vastberadenheid om mensen te overtuigen. Hun enorme ego en vastberadenheid kunnen gemakkelijk de volgelingen met een zwakke geest van iedere religie overweldigen. En zo behalen zij hun overwinning op onschuldige gelovigen, die uiteindelijk voor hen gaan vechten.

Zulke intellectuelen hebben geen vertrouwen of liefde en mededogen. Hun mantra is geld, macht en aanzien. Geef daarom religie, spiritualiteit of de grote meesters niet de schuld van de problemen van tegenwoordig. Er is niets verkeerd met spiritualiteit of religie. Het probleem zit in de menselijke geest."

De journalist leek overrompeld. Hij was even stil voordat hij de volgende vraag stelde.

Religie en spiritualiteit

Vraag: "Amma, zijn spiritualiteit en religie twee verschillende dingen of zijn ze hetzelfde?"

Amma: "Spiritualiteit is de ware benaming voor religie. Religie is de buitenkant en spiritualiteit is de binnenkant. Religie kan worden vergeleken met de schil van een vrucht en spiritualiteit is dan de eigenlijke vrucht, de essentie. Spiritualiteit is de ware essentie van religie; in feite zijn zij één en hetzelfde. Je kunt geen onderscheid maken tussen religie en spiritualiteit, maar een juist onderscheidingsvermogen en begrip zijn nodig om door de buitenschil door te dringen en diep in de ware essentie door te dringen.

Men gelooft ten onrechte dat religie en spiritualiteit twee verschillende dingen zijn. Maar religie en spiritualiteit zijn net zo van elkaar afhankelijk als lichaam en ziel. Als je het met de geest en het intellect (ego) bekijkt en beoordeelt, dan zul je het als twee dingen blijven zien. Ga wat dieper en je zult zien dat ze één zijn.

Als ware religie en religieuze teksten met het oppervlak van de oceaan vergeleken kunnen worden, dan is spiritualiteit als de parels en onbetaalbare schatten die diep onder het water verborgen liggen. De ware schat ligt heel diep.

De buitenkant van religie zijn de religieuze teksten en geschriften en zij stellen het intellect tevreden, terwijl spiritualiteit, die de binnenkant van religie is, waar geluk en innerlijke vrede geeft, omdat het de geest kalmeert. Het zoeken begint altijd aan de buitenkant, maar het zal zeker in de binnenkant van religie zijn hoogtepunt vinden. Door het bestuderen van de *Veda's*, de *Upanishaden* en andere geschriften krijgt men tot op zekere hoogte intellectuele voldoening. Het ego wordt erdoor gevoed maar de geest blijft onrustig en gejaagd. Maar dit kan ons langzaam van uiterlijke religie naar innerlijke religie leiden. Wanneer het zoeken aan de buitenkant van religie ophoudt, keren we ons naar binnen, en dat is spiritualiteit. De buitenkant kan ons nooit volledig geluk brengen. Vroeg of laat moet men zich naar binnen, naar de ware bron keren. Intellectueel geluk kan ons nooit werkelijk gelukkig maken. Je zult voor even overtuigd zijn, maar dan beginnen de twijfels, de vragen en het redeneren opnieuw.

Stel dat je een kokosnoot krijgt en je hebt er nog nooit een gezien. Je hebt gehoord dat het erg gezond is en dat zijn melk een wonderbaarlijke dorstlesser is. Als je de kokosnoot vasthoudt, zie je dat de buitenkant er erg goed en groen uit ziet. Omdat je denkt dat de buitenkant de echte kern is, begin je erin te bijten. Maar er gebeurt niets. De kokosnoot is zó hard dat je tandvlees begint te bloeden en je tanden pijn doen. Je staat op het punt om de kokosnoot weg te gooien totdat een voorbijganger jouw dilemma opmerkt. Op het moment dat je hem weg wilt gooien, zegt hij tegen je: "Nee, nee, gooi hem niet weg! De kern en de melk zitten binnenin. Open hem en je zult het zien." De man loopt dan weg. Op de één of andere manier lukt het je om de schil van de kokosnoot te openen. Nu zie je de bruine vezels en de harde schil. Omdat je denkt dat de vezel de kern is, probeer je erop te kauwen. Het is zachter dan de buitenschil, maar het smaakt vreemd. De laag die eronder zit, is veel harder en het heeft geen zin om te proberen hierin te bijten. Je spuugt alle vezels uit en je staat op het punt de kokosnoot in uiterste wanhoop weg te gooien. Op dat moment komt weer iemand naar je toe. Deze man heeft ook naar je geworstel gekeken. Hij neemt de kokosnoot van je en maakt hem voor je open. Je drinkt het zoete verfrissende water, eet de kern en bent verzadigd. Uiteindelijk is je dorst gelest en je honger gestild.

Dit is wat er met spiritualiteit en religie is gebeurd. Je verwart de buitenkant met de binnenkant. Maar de buitenkant is een deel van de binnenkant. Ze zijn onafscheidelijk. De buitenkant is religie en de binnenkant is spiritualiteit. Dit kan ook op een andere manier worden uitgelegd. Het menselijk lichaam ziet er mooi uit, zoals de glanzende buitenkant van de kokosnoot. De mensen verwarren het lichaam met de ziel, het Atman, en omdat ze erg aan het lichaam gehecht zijn, richten ze daar alle aandacht op. Men moet boven het lichaam uitstijgen om het Zelf, de ware essentie, te kennen. Maar voorbij het lichaam bestaat de veel subtielere en gecompliceerde geest. Omdat men het niet goed begrijpt, gelooft men ook dat de geest het Atman is. Voorbij de geest en zijn verwarde gedachten uitstijgen is veel moeilijker. In de geest zit een nog hardere schil bestaande uit het intellect en het ego met het gevoel van 'ik' en 'mijn'. Alleen als dat wordt getranscendeerd, bereikt men de kern, de ware Essentie. Alleen

een ware Meester kan je naar dat diepste geheim van het leven brengen. De meeste mensen zitten vast in het lichaam of in de geest en intellect (ego). Alleen als men doorgaat en voorbij deze drie lagen gaat, kan men het ware verblijf van geluk bereiken, de essentie van ware religie die spiritualiteit is.

De buitenkant van religie met al zijn uiterlijke praal kan, zoals de buitenkant van de kokosnoot, erg aantrekkelijk en verleidelijk zijn. Maar je hebt er niets aan en je kunt er zelfs door misleid worden. Als je te veel aan de buitenkant bent gehecht, zal het alleen meer pijn en meer problemen scheppen.

Helaas hebben mensen niet de juiste ogen om de realiteit te zien. Ze worden veel meer tot het onwerkelijke dan tot het werkelijke aangetrokken, meer tot de buitenkant dan tot de binnenkant. Mensen zijn erg gehecht aan hun eigen opvattingen en staan niet open voor iets anders. Ze leven met hun eigen begrip over wat religie is, dat ver van ware religie af staat.

Kinderen, hier is een verhaal dat Amma heeft gehoord.

Een groep toeristen reisde door een landelijk gebied toen hun bus pech kreeg. Ze kregen van de plaatselijke bevolking wat voedsel, maar de uitheemse gerechten deden hun vreemd aan. Ze dachten zelfs dat het eten bedorven was en hoewel ze veel honger hadden, aarzelden ze om het te eten. Toen kwam er een hond voorbijlopen. De toeristen wierpen een deel van het eten naar de hond die het snel opat. Ze observeerden de hond om te zien hoe hij zou reageren. Maar de hond leek van het eten te genieten en toonde geen nadelige gevolgen. De volgende morgen hoorden ze dat de hond dood was, wat betekende dat het eten toch slecht moest geweest zijn. De toeristen waren geschokt. Binnen korte tijd werden velen van hen ernstig ziek en vertoonden verschijnselen van voedselvergiftiging. Men vond een dokter. Toen hij van de situatie op de hoogte werd gesteld, informeerde hij waar de dode hond was gevonden, want hij wilde naar de hond kijken om de doodsoorzaak vast te stellen. Iemand die in de omgeving woonde wist wat er met de hond gebeurd was. Hij vertelde de dokter: "Ik heb de hond in een greppel gegooid, omdat hij door een auto was overreden."

De werkelijkheid van religie is iets wat ver boven het menselijk begrip uitstijgt. In alle religies hebben de zogenaamde intellectuelen de mensen onderwezen over een religie die zij zelf hebben geschapen; een religie die met hun eigen ideeën strookt en weinig van doen heeft met ware religie en zijn essentiële beginselen. Zij houden de mensen voor de gek door hen alleen het uiterlijke aspect van religie te laten volgen en nooit het innerlijke. Als de innerlijke eenheid van de religies onthuld zou worden, zouden ze niet meer zo belangrijk zijn en geen aandacht meer krijgen. Dat is de reden waarom zij alleen de uiterlijke verschillen belichten. Anders zullen hun ego's wegkwijnen, wat voor hen ondraaglijk zou zijn. Omdat zijzelf ook in hun eigen intellect gevangen zitten, kunnen zij de ware beginselen van spiritualiteit niet in zich opnemen; en als zij deze beginselen zich niet eigen hebben gemaakt, hoe kunnen zij dan iemand over spiritualiteit onderwijzen?

Als mensen de innerlijke betekenis van religie gaan inzien, zullen zij de valse religieuze leiders de rug toe keren. Zij zullen niet langer hun leiding zoeken, want ze zullen weten dat alleen iemand die boven het ego is uitgestegen, hun werkelijk naar het ware doel van het leven kan leiden.

De essentie van alle wereldreligies is spiritualiteit. Een religie die geen spirituele beginselen als basis heeft, is als een kunstmatig gemaakte vrucht van was. Zo'n religie is te vergelijken met een kunstmatig lichaamsdeel, waarin geen leven en levenskracht zit. Het is als een lege schil van een vrucht waar geen vruchtvlees in zit.

Spiritualiteit is de basis waarop alle ware religies bestaan. Als een religie geen spirituele beginselen als basis heeft, kan hij niet lang bestaan. Zo'n religie zal snel ten dode opgeschreven zijn.

Het is als *Brahman*, het Absolute, en de wereld der verschijnselen. De wereld kan niet zonder Brahman bestaan, omdat
Brahman de basis is waarop de wereld bestaat. Maar Brahman
blijft bestaan ook zonder de wereld. Op gelijke wijze kan religie
niet zonder spiritualiteit bestaan, maar spiritualiteit bestaat ook
zonder religie. Het kan ook met het lichaam en de ziel (*Atman*)
worden vergeleken. Om het lichaam te laten bestaan is de ziel
nodig, maar de ziel bestaat ook zonder het lichaam. Religie en
spiritualiteit zijn in essentie één. Als zij vanuit het juiste perspectief
en met het juiste begrip worden gezien zijn zij niet twee."

Hoofdstuk 6

Amma houdt op met Krishna Bhava

Op 18 oktober 1983 kondigde Amma aan dat Zij op zou gaan houden met Krishna Bhava. Dit besluit veroorzaakte veel verdriet in het hart van veel Krishnavolgelingen. Amma had natuurlijk Haar eigen redenen om ermee te stoppen. Amma zei: "Amma is tijdens Krishna Bhava in een volledig onthechte toestand. In die toestand voelt Amma geen enkel mededogen, noch voelt Zij enig gebrek aan mededogen. Alles is slechts een spel van het bewustzijn. Amma voelt zich door niets geraakt of getroffen. Maar tijdens Devi Bhava is dit helemaal niet zo. Dan is Zij de Moeder die heel erg veel om al Haar kinderen geeft. Amma voelt tijdens Devi Bhava alleen maar liefde en mededogen."

Amma heeft Zelf meerdere malen onthuld dat Zij zowel de uiterlijke als de innerlijke Moeder is. De uiterlijke Moeder verschijnt als de meest meedogende en liefhebbende Moeder die heel erg veel om Haar kinderen geeft. Maar de innerlijke Moeder staat boven al deze gevoelens, zoals de oneindige ruimte. Amma zegt: "Als Amma het wenst, kan Zij volledig onbewogen en onbezorgd in de toestand die voorbij alles is verblijven, maar dat zou niet veel helpen om de lijdende mensen en de maatschappij te verheffen. Daarom kiest Amma voor het aspect van een liefhebbende en meedogende Moeder."

Amma's beslissing om met Krishna Bhava te stoppen verspreidde zich snel onder de ashrambewoners en volgelingen. Voor veel volgelingen was het een schok. Hoewel ze Haar goddelijkheid tijdens de goddelijke stemmingen en op alle andere tijden hadden ervaren, waren de volgelingen erg gehecht aan Amma's Krishna en Devi Bhava.

Vroeger was Amma tijdens Krishna Bhava erg speels en ondeugend. Ze gedroeg zich tot genoegen van de volgelingen helemaal als Krishna.

Voor een *Mahatma* is de wereld een kostelijk schouwspel. Hij is volledig onthecht en onbewogen door de verscheidenheid en de tegenstrijdige natuur van de wereld.

Waarom moet er eigenlijk zo'n spel zijn? Daar de Heer de enige heerser over de schepping is, kan men zich afvragen wat het doel van dit spel (*lila*) is dat Hij opvoert.

Amma zei eens: "Het spel van de Hoogste Heer is slechts geschapen om van het spel te genieten. Hij is de Hoogste Heerser en alwetende Waarheid. Maar het spel kan slechts een spel zijn als het zonder die autoriteit wordt gespeeld, als die autoriteit wordt vergeten. Zodra je je gezag uitoefent, stap je uit het spel en is het geen spel meer."

Een andere manier om dit te interpreteren is dat de wereld alleen echt schijnt omdat we eraan gehecht zijn. Gehechtheid aan de wereld maakt dat hij echt lijkt, terwijl onthechting er een verwonderlijk spel van maakt. In de toestand van onthechting is er geen gevoel van gezag. Als je eenmaal je gehechtheid opgeeft, besef je dat alles slechts een spel is en dan kun je eraan deelnemen. Amma vertelt hierover een verhaal om dit punt uit te leggen:

"Een prinsje speelde met enkele kinderen bij het kasteel. Ze speelden verstoppertje. Het prinsje was druk bezig om zijn vriendjes te zoeken en hij werd volledig door het spel in beslag genomen. Hij vermaakte zich kostelijk. Hij kon niemand vinden en rende heen en weer om de anderen te zoeken. Een volwassene hield het prinsje aan en zei tegen hem: "Waarom doe je zo veel moeite om je vriendjes te vinden? Als je gewoon je koninklijk bevel uitvaardigt en ze roept, zouden ze onmiddellijk naar je toe komen."

De prins keek vol medelijden naar de volwassene alsof de arme man ziek was en zei: "Maar dan zou er geen spel meer zijn en het zou niet meer leuk zijn!""

Tijdens Krishna Bhava is Amma volledig onthecht. In die toestand van onthechting is alles een spel. Er wordt geen gezag uitgeoefend tijdens Krishna Bhava; terwijl Amma in Devi Bhava wel Haar gezag en Haar almacht gebruikt om Haar kinderen te beschermen."

Deze speelse stemming van Amma tijdens Krishna Bhava schiep een enorm gehechtheid aan Amma als Krishna, hoewel Ze toch verwonderlijk onthecht was in die toestand.

Een van de meest vervullende momenten van Krishna Bhava was als Amma *prasad* aan de volgelingen gaf, door hen *pancham-ritam*[3] uit Haar handpalm te laten drinken, die Ze tot bij hun mond bracht. Soms als een volgeling zijn mond opende om de *prasad* te ontvangen, trok Amma speels Haar hand terug. Bij bepaalde mensen deed Zij dit verschillende keren, vooral als zij volgelingen van Krishna waren.

Soms kon men zien dat Amma als Krishna op speelse wijze de handen van een volgeling samenbond, omdat hij of zij een of andere fout had begaan waarvan Amma alles wist zonder dat er een woord over gezegd was. De persoon had misschien ruzie met zijn vrouw gehad of had enkele van Amma's woorden of opdrachten niet nageleefd. De volgeling kan erover gezwegen hebben, maar Amma verraste hem als hij voor *darshan* kwam.

Eens was een jongeman met roken opgehouden nadat hij Amma had ontmoet. Maar toen hij op een dag in gezelschap van zijn vrienden was die allen rookten, kon hij de verleiding niet weerstaan; de drang werd zo groot dat hij slechts één trekje nam. Maar zijn geweten begon zo te knagen dat hij ervan afzag om het

---

[3] Een zoet gerecht bereid uit melk, banaan, geklaarde boter, bruine suiker, kandij en honing dat tijdens de verering wordt aangeboden.

nog een keer te doen. Toen hij tijdens de volgende Krishna Bhava voor *darshan* kwam, glimlachte Amma met een ondeugende blik naar hem. Zij hield haar middel- en wijsvinger alsof Zij een sigaret vasthield en Ze bracht de denkbeeldige sigaret naar Haar mond. De jongeman was in verlegenheid gebracht en zweerde Amma dat hij nooit meer een sigaret zou roken.

Bij een andere gelegenheid bedekte Amma de mond van Haar grootmoeder van vaders kant, Acchamma, met een stuk doek omdat Acchamma te veel sprak. Op een andere keer blinddoekte Amma een volgeling en beval hem drie maal om de tempel te lopen, omdat hij te veel naar films had gekeken.

Er was een zeer onschuldige oude man met wie Amma als Krishna Zich ondeugend vermaakte. Hij was een vurige volgeling van Sri Krishna en had een rotsvast vertrouwen in Amma. Amma genoot altijd van Haar streken die Zij met deze onschuldige oude man uithaalde. Hij was in de zeventig en zijn gezichtsvermogen was zo slecht dat hij zonder bril niets kon zien. Telkens als hij voor *darshan* kwam, deed Amma zijn bril af, en als Zij dit deed, bleef hij lachen totdat Zij de bril aan hem teruggaf. Nadat hij zijn bril stevig had opgezet, ging hij naar Amma om Haar zegen te ontvangen. Maar plotseling deed Amma weer zijn bril af. Soms deed Ze dat verschillende keren achter elkaar en de onschuldige oude man bleef maar lachen. Op een gegeven moment zei hij: "Krishna, wat is dit? Hoe kan ik U zonder mijn bril zien?" Dan zei hij: "Goed, U mag die houden. U kunt mijn uiterlijke bril hebben en mijn blik zo veel verduisteren als U wilt, maar U kunt niet aan mijn geestelijke oog of uit mijn hart ontsnappen. U zit daar voor eeuwig gevangen."

Wanneer Amma tijdens Krishna Bhava de oude man *panchamritam* te eten gaf, deed Ze dit soms zonder op te houden. Hij zei nooit dat hij genoeg had; hij slikte het allemaal gewoon door. Amma gaf hem soms zeer snel te eten zonder hem voldoende tijd te geven om het door te slikken. Wanneer Amma, als Krishna, zag dat hij worstelde en moe werd, lachte Ze liefelijk. Maar eens moest het ophouden en wanneer Amma tenslotte ophield hem te eten te geven, protesteerde hij onschuldig: "Waarom houdt U nu op? Ik vind het erg lekker. Ik wil meer! Geef het allemaal aan mij!" En soms zei hij: "Krishna, weet U wat? Ik houd meer van de zoetheid van Uw hand dan de zoetheid van welke *panchamritam* dan ook. Daarom kan ik geen nee zeggen als U me te eten geeft. Zoet zijn Uw handen, o Heer."

Er is een lied in het Sanskriet, *Adharam Madhuram (Madhurashthakam)* ter verering van Krishna, dat de oude man zong als hij bij Amma voor *darshan* kwam.

Uw lippen zijn lieflijk
Uw gelaat is lieflijk
Uw ogen zijn lieflijk
en Uw glimlach is lieflijk
Uw hart is lieflijk
en lieflijk is de manier waarop U loopt;
O Heer van Mathura
Uw hele wezen is zo lieflijk.

Uw woorden zijn lieflijk
en Uw verhalen zijn lieflijk
ook de kleren die U draagt zijn lieflijk
elke beweging van U is lieflijk;
O Heer van Vrindavan
Uw hele wezen is ontzettend lieflijk

Uw fluit is zo lieflijk
en Uw handen zijn lieflijk
en lieflijk is het stof aan Uw voeten
Uw benen zijn lieflijk

De manier waarop U danst is lieflijk
Uw vriendschap is lieflijk;
O Heer van Mathura
Uw hele wezen is ontzettend lieflijk.

Als Amma aan het einde van elke Krishna Bhava in gelukzaligheid danste, zongen de brahmachari's en de volgelingen de volgende bhajans *Krishna Krishna Radhe Krishna, Govinda Gopala Venu-krishna, Mohana Krishna Manamohana Krishna, Murare Krishna Mukanda Krishna, Radhe Govinda Gopi* en *Shyama Sundara.*

Amma's goddelijke stemming als Krishna was enorm lieflijk en bekoorlijk. Aan het einde van *Krishna Bhava* kwam Zij naar de ingang van de tempel waar Ze lange tijd bleef staan terwijl Zij glimlachend naar de volgelingen keek. En als Ze daar stond, zongen de brahmachari's Krishna *bhajans* in een snel en vurig tempo. Amma liep dan langzaam uit de tempel naar de veranda. Ze hield Haar beide armen omhoog, hield Haar handen in goddelijke *mudra's* (gebaren) en begon te dansen.

Deze gelukzalige, extatische dans die altijd op een milde, meditatieve manier werd uitgevoerd, riep bij de degenen die er getuige van waren veel liefde en devotie op. Het bracht de volgelingen terug naar Vrindavan, waar Heer Krishna zich vermaakte met de *gopi's* en *gopa's.* Precies dezelfde atmosfeer en dezelfde vibraties creëerde Amma in dit kleine vissersdorpje ter wille van de volgelingen.

De volgelingen waren erg gehecht aan Amma's Krishna Bhava, omdat het de eerste Goddelijke stemming was die Zij ooit geopenbaard had. Er waren zoveel herinneringen aan Krishna Bhava en daarom vonden de volgelingen het moeilijk om het los te laten. Zij hadden veel verdriet en hun innerlijke strijd kon men duidelijk in hun ogen en bewegingen zien.

Overal waar men in de ashram rondliep, kon men de mensen over de ervaringen van Krishna Bhava horen praten. De eerder genoemde onschuldige oude man had vele wonderlijke verhalen te vertellen. Hij herhaalde steeds hoe Krishna Bhava begon en sprak over de dagen toen Amma Bhava *darshan* op het strand gaf. Hij sprak over de grote ontberingen die zij in de beginperiode moesten ondergaan.

De volgelingen waren zo overstuur, dat de meesten op Bhava *darshan* dagen eerst tegen Krishna's schouder tijdens Krishna Bhava[4] in huilen uitbarsten en later in Devi's schoot. Ze smeekten Amma om niet met Krishna Bhava te stoppen. Daarom stemde Ze er ten slotte mee in om eenmaal per maand als Krishna te verschijnen. Vanwege Haar oneindig groot mededogen met Haar volgelingen kon Ze hun gebeden niet zo gemakkelijk negeren. Maar uiteindelijk hield Amma toch helemaal op met Krishna Bhava. Maar dit gebeurde pas toen Haar volgelingen een groter spiritueel begrip hadden, zodat ze zagen dat Amma altijd hetzelfde is, of Ze in Krishna Bhava of Devi Bhava is. De grote omvang van Haar oneindige natuur werd langzamerhand aan Haar volgelingen duidelijk gemaakt.

Een volgeling die erg aan Amma's Krishna Bhava was gehecht, vertelde brahmachari Balu over een van zijn ervaringen: "Weet u, ik zet iedere avond een glas warme melk voor een portret van Amma in Krishna Bhava. Op een dag hadden mijn vrouw en ik zo'n haast om naar Bhava *darshan* te gaan, dat we geen tijd hadden om de gekookte melk af te laten koelen, toen hij gekookt had. De bus naar Vallickavu zou vertrekken en dus zette ik de gloeiend hete melk voor Haar portret op het altaar en haastte me naar de bushalte. Toen we in de ashram aankwamen, was Krishna Bhava al begonnen. Mijn vrouw en ik gingen naar Amma die in de goddelijke staat van Krishna verkeerde. Als een klein ondeugend kind keek Krishna naar ons en riep glimlachend

---

[4] Amma stond tijdens Krishna Bhava altijd met één voet op een kleine *pitham* (voetenbankje).

uit: "Kijk! Mijn lippen zijn verbrand door het drinken van hete melk!" Geloof me, op Amma's lippen was een brandplek te zien!" Toen de volgeling dit zich weer voor de geest haalde, liepen de tranen over zijn wangen. Zijn stem stokte en hij kon niets meer zeggen vanwege de niet te onderdrukken emotie die zich van hem meester maakte.

Een situatie die leek op Krishna's vertrek uit Vrindavan, ontstond nu in Amma's ashram. Maar zoals Amma zegt: "Soms is dit Krishna en andere keren is dit Devi. Maar zowel Krishna als Devi zijn altijd hier in dit gekke meisje." Deze uitspraak is zeer diepzinnig. Omdat Amma, die in werkelijkheid zowel Krishna als Devi is, hier te midden van ons leeft, waarom zou er dan enige reden tot bezorgdheid zijn? De verschillende aspecten of vormen van Amma zijn geen verschillende, geïsoleerde entiteiten. Ze zijn allemaal uitdrukkingen van dezelfde Universele Werkelijkheid. En die ene Hoogste Werkelijkheid die Amma is en uit wie alle vormen voortkomen, is hier om ons te beschermen en te begeleiden. Daarom is er geen enkele reden tot bezorgdheid.

Maar de vertwijfeling en het diepe gevoel van verlies dat de volgelingen ervoeren, duurde niet lang, omdat hun gehechtheid aan Amma veel dieper geworteld was dan enige andere overweging.

Boven alles onthulde Amma aan iedereen dat Zij één is met al deze verschillende aspecten van het Goddelijke en dat Zij elk van hen, door Haar simpele wil, op elk moment dat Zij dat wenst, kan uitdrukken. Bij voorbeeld, op een dag enkele maanden nadat Amma begonnen was met het eenmaal per maand geven van Krishna Bhava, zaten Amma, Nealu, Balu, Venu en Gayatri in de hut van Nealu. Amma en Nealu zaten te praten, toen Nealu plotseling zei: "Amma, U bent alles voor me. U bent Krishna, Devi en alle andere aspecten van het Goddelijke. Ik weet dat U Krishna bent en ook Radha en Devi. U bent waarlijk de belichaming van Brahman. Maar ik heb soms nog een intens verlangen om U in Krishna Bhava te zien."

Amma glimlachte ondeugend naar Nealu en vroeg: "Nealu-mon (Mijn zoon Nealu), wil je werkelijk Amma in Krishna Bhava zien?"

"Ja heel graag!" antwoordde Nealu. Zonder een woord te zeggen nam Amma de katoenen sjaal van Nealu en bond die om Haar hoofd. Toen draaide Ze zich om naar Nealu en zei: "Kijk!" De aanwezigen waren verbaasd om Amma daar te zien zitten, terwijl Ze er net zo uitzag als tijdens Krishna Bhava. De manier waarop Ze Haar handen in heilige *mudra's* hield en al Haar gelaatsuitdrukkingen, de fonkelende ogen en de manier waarop Ze glimlachte[5] waren allemaal precies hetzelfde.

De brahmachari's en Gayatri knielden spontaan voor Haar. Maar de goddelijke onthulling duurde slechts even waarna Amma Haar gesprek met Nealu voortzette.

Eens wilde Brahmachari Pai een bepaalde afbeelding van Amma hebben waar hij een speciale voorliefde voor had. Hij had een aantal foto's van Amma, waaronder enkele van Haar als Devi en Krishna, en natuurlijk hield hij er erg veel van. Maar deze speciale afbeelding, die nog gefotografeerd moest worden, was een foto van Amma die in een bepaalde houding zat. Het was de afbeelding van Haar waarop hij mediteerde. Hij had een intens verlangen om een foto van Amma te hebben, waarin Zij in precies dezelfde houding zit als op de Devi Bhava *pitham*, maar dan in Haar gewone witte kleding en met Haar haar opgebonden, zonder kroon. Hij wilde ook dat Amma de klassieke *abhaya mudra* van bescherming en zegen zou tonen[6]. Maar hoe kon hij Amma

---

[5] Tijdens Krishna Bhava glimlachte Amma op een typische manier met Haar lippen naar beneden gericht, wat erg bekoorlijk was.

[6] In deze *mudra* zijn beide handpalmen geopend naar buiten gekeerd met de vingers samengehouden. De rechter hand wordt bij de schouder gehouden en de linker wijst naar beneden naar de heup.

vragen om in een bepaalde houding te gaan zitten om een foto te maken? Hij sprak hier met niemand over.

Op een dag kon Pai het niet langer verdragen. Hij voelde zich erg bedroefd hierover en hij weende geruime tijd. Plotseling kwam Amma naar hem toegelopen. Ze glimlachte naar hem en zei: "Zoon, Amma weet wat je verlangt. Maak je geen zorgen, Amma zal het vervullen." Ze zei Pai om Haar te volgen en ze gingen de tempel in. Amma ging op de Devi Bhava *pitham* zitten in precies dezelfde houding die Pai zich had voorgesteld. Maar zodra Amma op de *pitham* ging zitten, veranderde Haar stemming. Ze werd precies zoals Devi met alle goddelijke gebaren, die Ze normaal tijdens Devi Bhava toont. Brahmachari Srikumar nam de foto en Pai's lang gekoesterde droom werd vervuld. Het belangrijkste punt om te weten is Amma's kracht om zowel Krishna als Devi of enige goddelijke toestand te openbaren, op elk moment kan dat Zij dat wenst. Het is niet iets wat beperkt is tot een bepaalde tijd of plaats. Steeds wanneer en waar Zij verkiest om in die toestand te zijn, zal het de juiste tijd en de juiste plaats ervoor zijn.

Vroeger reciteerden de weinige brahmachari's die in de ashram woonden de *Sri Lalita Sahasranama*, de duizend namen van Devi, terwijl Amma op een *pitham* zat die speciaal voor dat doel was. Maar soms gaf Amma er de voorkeur aan om op de Devi Bhava *pitham* te zitten. Er waren veel gelegenheden waarbij Amma de wensen van de brahmachari's vervulde en zelfs de kleding van Devi Bhava droeg, inclusief de kroon, tijdens deze bijzondere recitatie van de duizend namen. De brahmachari's zaten dan in een halve cirkel voor Amma om de aanbidding uit te voeren die anderhalf tot twee uur in beslag nam. Al die tijd was Amma diep in *samadhi* verzonken. Haar verschijning was dan precies hetzelfde als tijdens Devi Bhava. Er waren gelegenheden dat Amma in *samadhi* verbleef zelfs nadat het gezang en de aanbidding over waren.

Er waren talloze gelegenheden waarbij Amma duidelijk Haar eenheid met het Goddelijke openbaarde of er openlijk over sprak. Deze openbaringen, samen met enkele diepgaande ervaringen, gaven de brahmachari's en de volgelingen een dieper inzicht in Amma's ware natuur. Daardoor kregen zij meer spirituele rijpheid en begrip.

De laatst normale Krishna Bhava *darshan* was een onvergetelijke nacht. De volgelingen barsten één voor één tegen Krishna's schouder in snikken uit. Er werden die nacht alleen Krishna *bhajans* gezongen en toen de brahmachari's alle Krishna *bhajans* gezongen hadden, kozen ze liederen over Devi, aangrijpende liederen van verlangen die in Krishna *bhajans* werden omgezet. Brahmachari Venu was tijdens de hele Krishna Bhava in tranen. Omdat hij niet in staat was om te zingen, stond hij op en ging de tempel in. Amma liet hem dicht bij Haar zitten.

Een lied dat ze uitgezocht hadden om die nacht te zingen, geeft de lezer een idee van de geestelijke strijd die de volgelingen moesten doormaken. Het was *Povukayayo Kanna*.

> *Kanna, gaat U vertrekken?*
> *Ik ben in deze wereld*
> *door iedereen in de steek gelaten.*
> *Gaat U mij ook verlaten?*
>
> *Kanna, ik wil U als een blauw juweel*
> *in het binnenste van mijn hart bewaren*
> *en U daar elke dag vereren.*
>
> *O Kanna, laat me de parels van liefde verzamelen*
> *van de diepten van de blauwe zee*
> *die Uw gedaante is.*

En als U bij me komt in de vorm van een gelukzalige vogel
zal de treurige vogel van mijn leven
verlangen in U op te gaan, Kanna.

De regelmatige manifestatie van Amma's Krishna Bhava eindigde die nacht. Maar zoals eerder vermeld, bleef Amma ter wille van Haar volgelingen tot november 1985 eenmaal per maand als Krishna verschijnen toen de laatste Krishna Bhava plaatsvond.

Laten we dit hoofdstuk afsluiten met een paar woorden van Amma:

"Volgelingen noemen dit al naar gelang hun geloof 'Krishna', 'Devi', 'Shiva', 'Amma' of 'Goeroe'. Amma is geen van deze en tegelijkertijd is Zij alles. Maar Ze is ook voorbij alles. Het hele universum bestaat als een luchtbelletje in Haar."

Hoofdstuk 7

Een volgeling, die vier kilometer ten zuiden van de ashram woonde, had Amma bij hem thuis uitgenodigd en Amma had beloofd dat Ze zou komen.

Die avond na de *bhajans* om ongeveer tien uur liep Amma in gezelschap van een paar brahmachari's (Balu, Srikumar, Pai, Venu en Rao), Damayanti-Amma, Harshan, Satish en twee dames uit de buurt langs de zee naar het huis van de volgeling. Het was een prachtige nacht. De volle maan stond aan de hemel en de Arabische Zee glinsterde in het maanlicht. In de golven weerklonk de heilige klank 'Aum'. Zo nu en dan bedekten de wolken eventjes de maan, zodat het plotseling donker werd. Maar spoedig daarna werd het aardoppervlak weer door het melkachtig maanlicht verlicht.

Het gezelschap liep met de zee aan hun rechterzijde langzaam naar het zuiden. In het begin van de tocht sprak niemand tijdens het lopen. Toen zij ongeveer een halve kilometer hadden afgelegd, ging Amma plotseling naar de waterlijn waar de golven het strand op spoelden. Ze stond daar naar de horizon in het westen te kijken, terwijl de golven Haar heilige voeten wasten, steeds opnieuw alsof zij dit zo vaak mogelijk wilden doen voordat Zij weer verder zou lopen.

Zo onmetelijk en diep als de oceaan

Toen Amma daar stond, ontglipten er enkele woorden aan Haar lippen. Ze zei: "De oceaan is onmetelijk en eindeloos, maar hij is ook diep. Je kunt de onmetelijkheid tot op zekere hoogte zien en ervaren, terwijl zijn diepte onzichtbaar is en ons gewone zien te boven gaat. Je moet erin duiken om de diepte te kennen. Maar om zo'n diepe duik te nemen heb je zelfovergave, moed en een avontuurlijke geest nodig."

Amma was hierna stil en ze vervolgden hun tocht naar het zuiden. Onderweg stelde een brahmachari Amma een vraag: "Amma", zei hij "Wat bedoelde U met wat U zei toen U aan de waterkant stond?"

Amma antwoordde en zei: "Kinderen, jullie kunnen de liefde, het mededogen, de zelfopoffering en andere goddelijke eigenschappen van een *Mahatma* ervaren. Jullie kunnen deze eigenschappen in de aanwezigheid van een Grote Ziel uitgebreid ervaren. Het kan worden vergeleken met het zien van de onmetelijkheid van de zee. Jullie kunnen de onmetelijkheid in bepaalde mate zien, maar jullie kunnen niet alles ervan zien. Jullie kunnen er een glimp van opvangen, een oneindig klein gedeelte ervan, maar het is niets. De oceaan bekijken vanaf het strand is niets. Maar hoewel jullie er een minuscuul deeltje van zien, stelt het jullie in staat het feit te begrijpen dat de oceaan onmetelijk groot is.

De oceaan is diep en onmetelijk. De diepte is binnenin en de onmetelijkheid buiten. De liefde en het mededogen die we van een *Mahatma* ervaren, kan worden vergeleken met de onmetelijkheid van de zee. De liefde en het mededogen van een *Mahatma* zijn uiterlijke uitdrukkingen die ons een concrete ervaring geven van wat binnenin ligt. Maar we weten niet hoe we helemaal open als kinderen moeten zijn en daarom voelen we slechts gedeeltelijk de ervaring van de oneindige liefde en het mededogen die de *Mahatma* over ons uitstort. We zijn slechts in staat om een fractie van zijn of haar goddelijke eigenschappen te ervaren. Maar wat binnenin ligt, die onmetelijke diepte, is als de diepte van de oceaan. Het is voor ons niet zichtbaar. Om die diepte te ervaren moet men de oppervlakte binnendringen en er voorbij gaan. Men moet voorbij de liefde kijken die uiterlijk wordt uitgedrukt.

Buig je en leer de diepte kennen

De uiterlijke vorm (van een *Mahatma*) is zeker mooi en opzienba-rend en de uiterlijke omgang is betrekkelijk gemakkelijk, terwijl het innerlijke contact niet zo gemakkelijk is. Het kan worden vergeleken met zwemmen en duiken. Zwemmen aan de opper-vlakte van de oceaan is een aangename en plezierige belevenis. Maar duiken kan een veel grotere belevenis zijn. Het is een avon-tuur. Als je erin duikt, ga je een totaal andere belevingswereld binnen. Je gaat het onbekende en mysterieuze rijk van de oceaan onderzoeken. Maar het vraagt om meer inspanning dan alleen maar aan de oppervlakte te zwemmen. Je moet je adem inhouden en voor de oceaan buigen als je onder water gaat. De zwemmer geeft zich zo over aan de oceaan. En als je je overgeeft, toont de oceaan je zijn verborgen schatten. Tot nu toe heb je alleen het mooie wateroppervlak gezien; je had nooit gedacht dat er veel mooiere gebieden zouden zijn die nog ontdekt moesten worden. Als je dieper en dieper duikt, merk je dat je steeds meer wilt zien, je wilt meer van haar diepte ervaren. Je zult een onlesbare dorst naar kennis voelen. En zo duik je dieper en dieper totdat je de bodem van de oceaan bereikt.

Op dezelfde manier zijn de uiterlijke uitdrukkingen van liefde en mededogen van een *Mahatma* buitengewoon mooi. Het is onvergelijkbaar. Er is niets vergelijkbaar op aarde. Maar de schoonheid van zijn innerlijke Zelf is nog meer dan dat, het is helemaal onbeschrijfelijk. Om die verborgen schoonheid te ervaren, de schoonheid van een ondoorgrondelijke diepte, moet men voorbij het lichaam van de *Mahatma* gaan. Men moet boven de oppervlakkige uitdrukkingen van liefde en mededogen uitstijgen. Om het onuitsprekelijke te bereiken moet men boven alle uitdrukkingsvormen uitstijgen. Om het oppervlak binnen te dringen en boven de uiterlijke vorm van de *Mahatma* uit te stijgen moet men voor hem buigen en zich in alle nederigheid aan hem overgeven. Het is als een diepe duik in de oceaan nemen. Als je eenmaal je volledig overgeeft, zal de *Mahatma* zijn innerlijke natuur aan je openbaren.

De liefde van een Mahatma is voorbij woorden. De liefde die je uiterlijk ziet en ervaart is natuurlijk diep en intens, maar die diepte en intensiteit is maar een oneindig klein deeltje van wat hij of zij werkelijk is. En dat is oneindig. En als iets oneindig is, kun je er eindeloos over praten en schrijven zonder dat je ooit tot een bevredigende verklaring komt, omdat het niet begrensd is. Het is grootser dan het universum.

Omdat een *Mahatma* de belichaming van liefde en mededogen is, is hij zo geduldig als de aarde. Maar men kan ook stellen dat de boosheid van een *Mahatma* precies dezelfde diepte heeft als de liefde, het mededogen en het geduld dat hij uitdrukt."

Amma hield op met praten. Het was bijna elf uur 's avonds. Enkele vissers zwierven nog over het strand, anderen lagen hier en daar in het zand te slapen. In het maanlicht kon men een groep vissers op het strand zien zitten praten en kletsen. Als de maan door de wolken werd bedekt, kon men alleen hun brandende 'biedies[7]' zien. Enkelen van hen die wat ronddoolden kwamen dichterbij om de kleine groep die op dit late uur langs zee liep, eens nader te bekijken. Toen zij bekende gezichten zagen, gingen ze zonder iets te zeggen weer weg.

Eén persoon die naar hen kwam kijken was toevallig een volgeling. Toen hij zag dat het Amma en de brahmachari's waren, werd hij erg opgewonden: "O! Bent U het, Ammachi?" riep hij uit. "Waar gaat U zo laat in de nacht naar toe?" De man riep zijn vrouw en kinderen: "Kom hier! Kom kijken wie hier is!" Zijn vrouw en hun drie dochters kwamen in een oogwenk te voorschijn.

---

[7] Goedkope Indiase sigaret in een blad gerold en gewoonlijk door de armen gebruikt.

Ze waren allemaal erg opgewonden om Amma en de anderen te zien. Ze nodigden Amma uit om in hun hut te komen. Beleefd en liefdevol bedankte Amma voor de uitnodiging en zei: "Kinderen, Amma is al laat. We liepen te langzaam omdat we over spirituele zaken praatten en ondertussen hebben we eventjes op het strand stilgestaan. Het spijt Amma. Zij zal een andere keer komen." De man gaf zijn vrouw een licht standje omdat ze Amma op zo'n ongewone manier had uitgenodigd. Hij zei: "Wat is dit? Is dit de manier om Ammachi bij ons thuis uit te nodigen? Zelfs al Ammachi erg bescheiden is in Haar manieren, moeten we Haar op traditionele wijze uitnodigen en niet alsof we een vriend of een buurman uitnodigen."

De vrouw was in verlegenheid gebracht en zei op verdedigende toon: "Ik ben onontwikkeld en analfabeet. Ik ken geen enkele traditie. Ammachi weet dit en Ze zal me zeker vergeven als ik een fout heb begaan."

Amma richtte zich tot de echtgenoot en zei: "Zoon, het is in orde. Waar ware liefde is, zijn *achara's* (gebruikelijke voorschriften) niet nodig. Haar uitnodiging was onschuldig. Er is geen grotere *achara* dan liefde."

Amma richtte zich tot de vrouw en gaf haar een knuffel en zei: "Dochter, maak je geen zorgen. Neem het makkelijk op. Amma zal je huis bezoeken wanneer Ze tijd heeft. Maar vandaag kan Amma niet komen."

Ook vergat Amma niet hun dochters Haar liefde te tonen. Ze stond op het punt te vertrekken toen de man riep: "Ammachi, mag ik met U meekomen?"

Amma zei tegen hem: "Ja zoon, natuurlijk mag je meekomen." Zelfs zonder een schone *dhoti* om te doen, volgde hij Amma.

Amma en de groep vervolgden hun weg vergezeld van de dreun van de branding en een koele westenwind. Amma staarde onder het lopen naar de oceaan. De oceaan gloeide donkerblauw in het maanlicht.

Als de Pralayagni, het vuur van de ontbinding

Onder het lopen werd een andere vraag gesteld: "Amma, U stelde dat de boosheid van een *Mahatma* net zo diep is als zijn geduld, zijn liefde en zijn mededogen. Wat bedoelt U daarmee?"

Amma bleef nog een tijdje naar de zee kijken voordat Ze antwoordde.

"Kinderen, *Pralayagni*, het vuur van de ontbinding, dat is waar de boosheid van een *Mahatma* op lijkt. Die is net zo hevig als de uiteindelijke ontbinding. Een *Mahatma* is één met de oneindigheid, dus is ook zijn boosheid oneindig groot. Je kunt je de intensiteit ervan niet voorstellen. Het heeft de kracht om de hele wereld te vernietigen. Het is als het gelijktijdig laten ontploffen van talloze atoombommen. De vlammen ervan kunnen de hele wereld verteren.

Toen de Moeder van het Universum, de belichaming van liefde en mededogen, die de hele schepping liefheeft en verzorgt, boos werd, werd Ze Kali, en Haar boosheid was net zo hevig als *Pralayagni*, het vuur van de ontbinding. Het hele universum zou tot een handvol as zijn verbrand als de hemelse wezens niet bemiddeld hadden.

Wanneer de Universele Moeder boos wordt, is het een oogverblindend gezicht, als miljarden zonnen die gelijktijdig branden. Wie kan zoiets verdragen? Alleen iemand die zonder ego is en die zich volledig heeft overgegeven, kan het verdragen. De oneindige kracht van Kali's boosheid kan alleen verdragen worden door iemand die boven het lichaamsbewustzijn is uitgestegen. Met andere woorden, alleen bewustzijn in zijn zuivere, onbeweeglijke vorm kan het verdragen. De boosheid van de Universele Moeder is, bij wijze van spreken, een gewelddadige storm van het bewustzijn. Die kan alleen opgeheven worden door een energie die volledig onbeweeglijk is; en dat is Shiva die languit ligt, terwijl Kali boven op Hem al Haar boosheid eruit danst.

Kali's woede is *rajas* in extreme mate Het is de explosie van de kosmische energie met al haar kracht en heerlijkheid. Het is als een explosie van honderdduizend atoombommen. Maar zelfs deze vergelijking schiet tekort. De explosie van deze energie kan alleen in evenwicht worden gebracht door zuivere *sattvische* energie, en dat is Shiva.

Haal je weer voor de geest hoe woest Sri Rama werd toen de zee niet toegaf aan Zijn gebeden. Om de zee te behagen zat Sri Rama drie dagen lang op het strand en verrichtte ononderbroken strenge ascese zodat Hij er een brug overheen kon bouwen. Hij wilde de zee oversteken om Lanka, de woonplaats van Ravana te bereiken die Sita, Rama's heilige gemalin, had ontvoerd. Zijn voornemen was om Sita te bevrijden met behulp van een apenleger geleid door Hanuman en Sugriva. Maar de zee gaf niet toe. Hij bleef maar reusachtige golven voortbrengen en werd alsmaar onstuimiger.

Sri Rama was de Hoogste Heer Zelf, de Meester van de hele schepping. Hij hoefde niet voor één van Zijn schepselen nederig te zijn en het was voor Hem niet nodig om voor de zee nederig te zijn. Maar Hij gedroeg zich nederig omdat Hij een voorbeeld wilde stellen. Maar het grote epos, de *Ramayana,* vertelt dat de zee trots werd toen Hij dit deed en dit maakte Sri Rama vreselijk boos, dat wil zeggen dat hij beval dat boosheid kwam. De Heer in kwade vorm stond op, nam Zijn grote boog, spande een pijl en zei: "Ik heb geprobeerd om nederig en geduldig te zijn en de natuurwetten te gehoorzamen. Maar beschouw het niet als een zwakheid van mijn kant. Met deze ene pijl kan ik al je wateren opdrogen en ieder leven schepsel in je vernietigen. Moet ik dit doen of zul je toegeven?" De zee gaf toe door zijn golven af te zwakken.

Sri Rama was de verpersoonlijking van het hoogste geduld en vergeving. Hij had zelfs Zijn stiefmoeder Kaikeyi vergeven die buitengewoon wreed tegen Hem was geweest. Maar toen Hij nu boos werd, was Zijn boosheid net zo hevig als Zijn geduld. De *Ramayana* vertelt dat Rama op de God van de Dood, het vuur van de uiteindelijke ontbinding, leek toen Hij met pijl en boog in Zijn handen klaarstond om de zee aan te vallen."

Het hoogste doel van het menselijk bestaan

Amma vervolgde: "Zelfrealisatie is het hoogtepunt van het menselijk bestaan. Het is het einddoel van concentratie (op één punt gericht zijn). Er is geen doel hoger dan dat. De diepte en de energie van zo'n concentratie is onbeschrijfelijk doordringend. De gerealiseerde ziel heeft die kracht om zich te concentreren gebruikt om in de diepste geheimen van het universum, het mysterie van Brahman, door te dringen. In die hoogste toestand van Zelfrealisatie is hij een expert in concentratie geworden en met zijn absolute doelgerichtheid kan hij zich concentreren en zijn energie richten waarheen en wanneer hij wenst. Een ware Meester zal zijn kracht nooit voor een vernietigend doel gebruiken. Hij gebruikt die altijd voor het welzijn van de wereld en om de maatschappij te verheffen. Maar bedenk dat hij die ook kan gebruiken om het hele menselijk ras een les te leren. Een gerealiseerde Meester is één met de Kosmische Energie en die energie is oneindig. Hij kan die vrijlaten of vasthouden of ermee doen wat hij maar wilt. Hij kan kiezen om zowel positieve als negatieve energie vrij te laten. Maar zelfs als hij die op een ogenschijnlijk negatieve manier zou vrijlaten, is het alleen maar voor het welzijn van de wereld; het wordt alleen maar gedaan om iemand een les te leren.

Dus, of die energie positief of negatief wordt vrijgelaten, het zal het bedoelde effect hebben. In beide gevallen zal zijn kracht oneindig en voorbij woorden zijn. Net als de goddelijke liefde en het mededogen van een *Mahatma* voorbij woorden zijn, is ook zijn boosheid voorbij woorden. Er is geen manier om de diepten van een *Mahatma* te peilen."

Amma's woorden herinneren ons aan een lied, *Ananta Srishti Vahini*, dat een volgeling over Amma's onbegrensde bewustzijns- toestanden geschreven heeft.

Gegroet, Grote Goddelijk Godin,
de Ondersteuning van de hele schepping,
die oneindige toestanden van het Zijn kent
en die eeuwig de Hoogste Dans danst.

Gegroet, eeuwig Stralende,
Moeder van Onsterfelijke Gelukzaligheid,
die onophoudelijk de stilte verbreekt
in het holst van de nacht.

Wij buigen ons diep voor U, Bhadrakali,
de woeste vorm van Devi,
de oorzaak van al wat voorspoedig is,
die alle bewustzijn doordringt,
die vol mededogen is.
U bent degene die het individu ontbindt.

Wij buigen ons diep voor U,
wier vorm als een driehoek[8] is,
die drie ogen heeft,
die de drietand draagt,
en een krans van schedels draagt,

---

[8] Dit verwijst naar de driehoeken in de Sri Chakra *yantra.*

O Bhairavi, U schenkt goed fortuin
en leeft op crematieterreinen.

Wij buigen ons diep voor U, Chandika,
Die steeds groeiend, krachtig en stralend is
en oneindig sterk.
Die met Haar zwaard zwaait,
wat de klank 'Jhana, Jhana' voortbrengt.

Wij buigen ons diep voor U, Godin Chandika
die vol schittering is.
U bent Shankari
en Uw Kracht is oneindig.
U bent de schenker van alle yoga's
en van onsterfelijkheid.

Amma en de groep bereikten het huis om kwart over elf. Het hele gezin wachtte vol verlangen op Amma's komst en ze waren dolblij toen Ze arriveerde. Het gezinshoofd en zijn vrouw ontvingen Amma met de traditionele *pada puja* (het wassen van de heilige voeten) en de *arati* (het aanbieden van het licht), waarna zij allen aan Amma's voeten bogen. Amma toonde Haar liefde en genegenheid aan de gezinsleden op Haar gebruikelijke manier. Er heerste grote blijdschap onder hen. Het jongste kind, een jongetje van amper vier jaar, danste vrolijk en riep luid: "Amma is gekomen! O, Amma is bij ons thuis gekomen!" Amma riep het jongetje bij zich en overlaadde hem met kusjes. Na Haar kusjes te hebben gekregen leek hij nog gelukkiger.

De ceremonie begon om middernacht en was om twee uur 's nachts afgelopen. Na de *puja* ging Amma naar buiten en zat in de achtertuin over de zee uit te kijken. Er heerste overal diepe stilte op het geluid van de zee na, die zijn eeuwige lofzang zong. Amma zat in Haar witte sari en wiegde heen en weer in het maanlicht.

Toen Amma daar zat, kwamen het hele gezin en de ashram-groep naar buiten en gingen op enige afstand zitten vanwaar ze Amma konden zien. Niemand wilde te dicht bij Haar zitten, omdat ze allen wisten dat Amma in Haar eigen wereld van Alleen-zijn Haar hart ophaalde.

De meedogende Moeder

Om half drie 's nachts werd de terugreis aanvaard. Onder het lopen werd niet veel gesproken, maar Amma zong een paar *bhajans.*

Toen zij het huis van de volgeling bereikten die hen vanaf het strand vergezeld had, stapte hij naar voren om afscheid van Amma te nemen. Tot zijn grote verrassing liep Amma in de richting van zijn huis en zei: "Amma komt met je mee." De man stond even verstomd en stond aan de grond genageld. Hij schreeuwde bijna van opwinding en zei: "Wat! Komt U naar mijn huis!" Toen rende hij in volle vaart naar zijn huis. Hij bonsde op de deur en riep zijn vrouw en kinderen. Hij was totaal de kluts kwijt en wist niet wat hij moest doen. Hij rende voor zijn huis heen en weer en riep steeds weer zijn vrouw en kinderen. Binnen een mum van tijd was het hele gezin klaarwakker. Ze waren volledig van streek. Ze konden niet begrijpen waarom hij zo diep in de nacht zo'n herrie maakte. De vrouw vuurde in één adem verschillende vragen op haar echtgenoot af. "Wat is er met je gebeurd? Waarom roep je zo? Ben je niet met Ammachi meegegaan?" Ook een buurman werd door al dat tumult uit zijn slaap gewekt. Hij riep vanaf de veranda van zijn huis: "Vrienden, wat is er aan de hand? Willen jullie dat ik kom?"

Op dat moment arriveerde Amma bij de voortuin. De mond van de vrouw van de volgeling viel van verbazing open, toen ze Amma glimlachend voor zich zag staan. De kinderen waren ook met stomheid geslagen. De vrouw kon aanvankelijk geen woord uitbrengen. Kort daarop barstte ze in tranen uit tegen Amma's schouder. De man lag al aan Haar voeten en huilde als een kind. Zijn vrouw kon onder haar tranen nog uitbrengen: "Droom ik, Amma? O God, wat een *lila* (spel) is dit! U had me moeten vertellen dat U ons op de terugweg zou bezoeken. Ik zou alles voorbereid hebben en op U gewacht hebben! Nu is er niets in huis. Zelfs de olielamp is niet aangestoken! O Amma, waarom speelt U deze *lila* met ons?"

De vrouw huilde onbeheerst. Amma probeerde haar te troosten en zei: "Dochter, Amma is geen gast. Zij is je Moeder. Uitgebreide voorbereidingen zijn niet nodig om Haar te ontvangen. Je liefde voor Haar is meer dan genoeg en je hoeft je nergens zorgen over te maken. Alles wat je met je eigen handen aanbiedt is als godenspijs voor Amma. Huil niet!" Maar de onschuldige vrouw kon niet ophouden met huilen. Ten slotte nam Amma het initiatief en liep met Haar armen om de vrouw geslagen het huis binnen.

Het was een hut met twee kleine kamers en een heel klein keukentje. Amma liep direct naar de keuken, gevolgd door de vrouw, haar man en hun drie dochters, terwijl de anderen buiten wachtten. Amma doorzocht de keuken; Ze keek in alle potten en pannen, maar alles was leeg. En terwijl Amma aan het zoeken was, bleef de vrouw zeggen: "Wat erg! Er is niets te eten in huis!" Ten slotte vond Amma in een hoek een tapiocawortel. "Zo, dat is meer dan genoeg!" zei Ze en raapte hem op. Amma nam een hap van de wortel toen Ze de keuken uitliep.

Toevallig had Harshan een zak met gebakken etenswaren meegenomen vanaf het andere huis dat ze bezocht hadden. Amma nam wat van dat voedsel en begon het gezin met Haar eigen handen te eten te geven. Hun blijdschap en dankbaarheid kenden geen grenzen. Met tranen in haar ogen begon de vrouw een aantal regels van *bhajan Ammayalle Entammayalle* te zingen en spoedig deed het hele gezin mee.

> *Bent U niet mijn moeder?*
> *O, bent U niet mijn lieve moeder,*
> *die mijn tranen afveegt?*

> *O moeder van de veertien werelden,*
> *de Schepster van de wereld,*
> *ik heb U eindeloos geroepen*
> *O Shakti, komt U niet?*

> *U die ervan houdt om ons alles te geven*
> *wat we verlangen*
> *die in Uzelf de schepping, instandhouding*
> *en vernietiging bevat,*
> *ik heb U eindeloos geroepen!*

> *O Vader en Moeder,*
> *de vijf verschillende elementen*
> *en de hele Aarde*
> *ik heb U eindeloos geroepen!*

> *De Veda's en de geschriften,*
> *ware Kennis en Vedanta,*
> *het begin, het midden en het einde*
> *bestaan allemaal in U.*
> *Ik heb U eindeloos geroepen!*

Na nog eventjes bij het gezin te hebben doorgebracht, keerde Amma terug naar de ashram.

Hoofdstuk 8

Leer verveling te overwinnen

Een volgeling die op bezoek was en bekend stond om zijn ondervragende aard vroeg aan Amma: "Amma, de meeste mensen vervelen zich gewoonlijk als ze dag in dag uit hetzelfde werk of hetzelfde ding moeten doen. Daarom willen de mensen hun leven veranderen; ze willen nieuw werk proberen of andere dingen kopen enz. Maar Amma, U doet iedere dag hetzelfde door mensen te ontvangen en ze *darshan* te geven. Raakt U nooit verveeld met dezelfde routine, steeds maar weer opnieuw?"

Amma: "Zoon, verveling komt alleen bij mensen voor, niet bij God. God verveelt zich nooit. Een *Mahatma* is God Zelf in menselijke gedaante, die eeuwig in het Absolute Brahman gevestigd is. Hij ervaart voortdurend een gevoel van verwondering en frisheid in zijn zienswijze en al zijn handelingen. Hij is het Immanente Bewustzijn dat in en door alles schijnt. Daarom kan Hij zich nooit vervelen.

Verveling en dorheid komen alleen als je een gevoel van dualiteit hebt, de instelling van 'ik' en 'jij', als je gelooft dat je een apart wezen bent. Als je alles bent, hoe kun je je dan vervelen? Eenheid met de hele schepping elimineert al deze gevoelens. Wanneer je tevreden in je eigen Zelf bent, verdwijnt verveling vanzelf.

Een *Mahatma* is als een meer, dat gevuld is met zuiver, kristalhelder water, dat een harde rotsbodem heeft waaruit een eindeloze bron ontspringt. De bodem is vast en onbeweeglijk en tegelijkertijd brengt hij aanhoudend zuiver en schoon water voort. De waterbron heeft geen einde, hij zal nooit opdrogen. Hij is eeuwig vol en laat iedereen ervan drinken.

Een *Mahatma* weet dat hij het onveranderlijke en onvernie-tigbare Atman, of Brahman, is, de Basis van het hele universum. Deze kennis maakt hem innerlijk standvastig en onbeweeglijk. Hij is ook een oneindige bron van liefde en mededogen.

Wanneer je bestaan in zuivere liefde is geworteld, hoe kun je je dan ooit vervelen? Verveling komt alleen voor als je niet liefhebt. In ware liefde is er geen gevoel van gescheidenheid. Er stroomt alleen maar liefde. Iedereen die de sprong wil nemen en erin duiken, zal geaccepteerd worden zoals hij is. Er gelden geen bepalingen of voorwaarden. Als je bereid bent de duik te nemen, zul je geaccepteerd worden. Als je niet bereid bent, wat kan het dan doen? De stroom blijft waar hij is. Hij zegt nooit nee. Het zegt onophoudelijk ja, ja, ja.

Zeg 'ja' tegen het leven

Accepteren is ja zeggen tegen alles. Alles in je leven kan verkeerd gaan, maar toch zeg je: "Ja, ik accepteer het." De rivier zegt ja tegen iedereen. De hele natuur zegt ja, behalve de mens. Een mens kan zowel ja als nee zeggen. Soms zegt hij ja, maar meestal zegt hij nee. Hij ziet het leven niet als een geschenk; hij ziet het als een recht en hij beschouwt geluk ook als een recht. Wanneer je het leven en alles wat het leven je brengt als een kostbaar geschenk ziet, zul je tegen alles ja kunnen zeggen. Als je daarentegen vol-houdt om het als een recht te zien, dan kun je geen ja zeggen, je kunt alleen maar nee zeggen. Daarop loopt alles fout. Als je altijd nee tegen het leven zegt en tegen alle ervaringen die het leven je geeft, zul je je ellendig voelen en je gaan vervelen. Maar als je leert om altijd ja te zeggen, als je je het leven en elke ervaring als een geschenk kunt zien en niet als een recht, zul je nooit door verveling overmeesterd worden.

Wanneer je vol liefde en mededogen bent, kun je tegen niets nee zeggen, je kunt alleen maar ja zeggen. Amma kan alleen maar ja zeggen. Ze zegt nooit nee en daarom verveelt Ze zich nooit. 'Ja' is accepteren. Alleen waar aanvaarding is, is geen verveling.

Het woord 'nee' bestaat alleen als er dualiteit is. Wanneer je nee tegen het leven zegt, voel je je ongelukkig en ontevreden. Je zult tegen alles protesteren en je kunt niet met jezelf gelukkig zijn. Je voelt je altijd onbetekenend en onbevredigd. Waarom is dit zo? Omdat je altijd iets wilt. Je wilt geld, roem, een nieuw huis, een nieuwe auto, de lijst gaat eindeloos door. Zo word je ongelukkig, je verveelt je en het leven wordt saai. Je wordt iemand die steeds maar klaagt en met niets tevreden is. Waarom? Omdat je steeds maar volhoudt om nee te zeggen. Door gebrek aan acceptatie kun je geen ja zeggen tegen alles wat het leven je te bieden heeft.

De mensen jagen altijd dingen na. Daarom zijn de mensen, ondanks al hun onderwijs en intellectuele kennis, steeds ongelukkig en voelen ze zich ontoereikend. Zelfs de rijkste mensen zijn ongelukkig. Zij vervelen zich snel en worden geplaagd door ontelbare verlangens, omdat ze ontevreden zijn en het gevoel hebben dat ze nog volmaakt moeten worden.

Het leven is een kostbaar geschenk. Maar we gebruiken ons onderscheidingsvermogen niet om te kiezen wat juist is. We kiezen de verkeerde dingen en dan voelen we ons ongelukkig. Dus het probleem zit in onszelf. Het is onze verkeerde houding die ons ontevredenheid en verveling bezorgt. Wij geven te veel aandacht aan dingen die van secundair belang zijn, terwijl de belangrijkste hoofdzaken volledig worden genegeerd."

Amma vertelde toen een verhaal om dit punt te verduidelijken.

"Iemand leed aan twee verschillende kwalen. Hij had last van zijn ogen en ook problemen met de spijsvertering. Hij ging naar een dokter die hem oogdruppels en een medicijn voor zijn maag voorschreef. Hij moest een paar oogdruppels in zijn ogen druppelen en een aantal lepels van het medicijn voor de maag innemen voor zijn slechte spijsvertering. Maar ongelukkigerwijs in zijn opgewondenheid verwarde de patiënt de aanwijzingen van de dokter. Hij ging naar huis en dronk een dosis van de oogdruppels en goot het medicijn voor de maag in zijn ogen, met het resultaat dat beide problemen verergerden.

Evenzo is er veel verwarring met betrekking tot ons eigen leven. Wij moeten veel meer belang hechten aan de ziel, aan de realisatie van het Zelf, zodat we een werkelijk tevreden en gelukzalig leven kunnen leiden. En we moeten veel minder belang aan het lichaam hechten. Maar wij doen het omgekeerde; wij verwarren de twee flesjes en nemen het verkeerde medicijn voor de verkeerde kwaal. Alle energie, zorg en aandacht die wij aan de ziel moeten besteden, wordt in plaats daarvan aan het lichaam geschonken, omdat we ons erop richten ons lichaam zo mooi en behaaglijk mogelijk te maken. Maar de ziel krijgt bijna niets van onze aandacht en wordt aan zijn eigen lot overgelaten. In onze toestand van verwarring hebben we ons gevoel van perspectief verloren, met als resultaat dat we negatief denken en handelen en we ons vervelen en erg ontevreden voelen.

Wanneer je in het Zelf gevestigd bent, ben je in een toestand van onophoudelijk geven. Je kunt je niet vervelen als je voortdurend wilt geven en als je van niemand iets nodig hebt. Amma wil alleen maar geven. Ze heeft van niemand iets nodig en Ze verwacht niets. Amma accepteert eenvoudig alles wat er in Haar leven gebeurt. Daarom raakt Amma nooit verveeld.

Alleen als het gevoel dat je afgezonderd bent verdwijnt, kun je iemand worden die onophoudelijk geeft. Al het gevoel van dualiteit moet verdwijnen, wat betekent dat de geest moet verdwijnen. Alleen dan kun je een echte gever worden die niets hoeft te nemen of te ontvangen. Verveling ontstaat alleen doordat je egoïstisch en egocentrisch bent. Wanneer je in het Atman gevestigd bent, wanneer je middelpunt zich verplaatst van het zelf naar het Zelf en je geen ander middelpunt hebt, dan ben je helemaal vrij van verveling.

Radha's liefde voor Krishna ging nooit over en Mira's liefde voor haar geliefde Giridhar ging ook nooit over. Geen van beiden verwachtte ooit iets terug voor hun liefde. Ze waren beiden grote gevers en ze waren nooit verveeld, alleen gelukzalig en tevreden. Wat ze ook ontvingen, goed of slecht, werd oprecht gewaardeerd en aanvaard. Daarom leven zij nog in het hart van de mensen. En ze werden onsterfelijk omdat ze alles opgaven. Je begint pas werkelijk te leven als je ego sterft, je geest. Het ego van Radha en Mira was dood. Mira zei: "O mijn Giridhar, het is best als je niet van me houdt. Maar mijn Heer, ontneem mij nooit het recht om van U te houden." Dit was haar houding. Radha en Mira waren volkomen onbaatzuchtig. Hun liefde was zuiver, onbedorven door het ego en egoïstische gedachten.

Wanneer je leeft als een ego en je geest gehoorzaamt en volgens zijn grillen en voorkeuren handelt, ben je jezelf niet. Je bent dan de geest. Het is een toestand van krankzinnigheid. Het is alsof je dood bent, omdat je louter als lichaam en geest leeft zonder je bewust te zijn van je ware bestaan als het Zelf. Als je gelooft dat je het lichaam bent, leef je in een illusie. Is het geen dwaasheid om het onware als waar te beschouwen, om dat wat niet tot de waarheid behoort op de waarheid te projecteren? Zolang je in de geest leeft, blijf je je vervelen.

De last en het voortdurende rumoer van je geest is een zware last om te dragen. Het is een enorme last geworden, genoeg om je te overweldigen. Het treurige van dit alles is dat jij die deze last draagt, je niet bewust bent van zijn vreselijke gewicht.

Omdat je denkt dat je verveling wordt veroorzaakt door externe omstandigheden en andere mensen, ren je van hot naar her en probeer je zoveel mogelijk dingen uit, totdat je uiteindelijk instort. Wil je je geest niet van zijn last verlichten om je vrij en vredig te voelen? "Dat zou ik willen," is het antwoord van de meeste mensen. Maar zij willen hun greep op dat wat ze vasthouden niet verliezen. Ze denken dat ze kwetsbaar en instabiel zullen worden als ze loslaten.

Zelfs een klein kind heeft dit gevoel. Als een kind niet bij zijn vader of moeder is, voelt het zich erg onzeker. Kinderen houden onder het lopen altijd de sari van hun moeder of het overhemd van hun vader vast. Dit geeft hun een gevoel van zekerheid en bescherming. Maar dat duurt niet lang, omdat de bron van zekerheid zal veranderen. Als het kind opgroeit, zal het gevoel van onzekerheid ook groeien en hij ontdekt dat bij zijn ouders zijn niet echte zekerheid is. Hij begint zelfs te voelen dat zijn ouders een obstakel voor zijn vrijheid zijn. Hij begint spoedig te beseffen dat er iets of iemand anders is die hem meer tevredenheid kan schenken dan zijn ouders, zijn huis of zijn woonplaats. Ontevredenheid en verveling gaan hand in hand. Je ouders beginnen je te vervelen, dus wil je bij hen vandaan. Je verveelt je thuis en in je woonplaats, dus wil je ergens anders gaan wonen. De oude wagen verveelt je, dus wil je een nieuwe, je oude vriendin verveelt je, dus wil je een andere. In je zoektocht naar zekerheid en tevredenheid omarm je steeds maar weer onzekerheid. Maar je vindt die tevredenheid nooit. Je ontmoet steeds weer je onzekerheid en je ontevredenheid.

Het is je geest die onzeker is. Het is je geest die je verveling en je angsten schept en hij is de oorzaak van al je problemen. Bevrijd je van de geest in plaats van te proberen om een ding of plaats door een ander te vervangen. Bevrijd jezelf van de geest en je zult een nieuw mens worden met steeds een frisse en nieuwe kijk op het leven. Zolang je de geest met je meedraagt, blijf je dezelfde oude persoon met dezelfde angsten, onzekerheid, verveling en ontevredenheid.

Werkelijke zekerheid in het leven kan alleen in het Zelf (Atman) of God gevonden worden. En de enige manier om van je verveling af te komen is om je aan je eigen Zelf, aan God of een volmaakte Meester over te geven. Wees een getuige van alles wat er in het leven gebeurt. Jij bent de eeuwige *Purusha*. Jij bent *Purnam* (Volmaaktheid). Jij bent het Al en niet een beperkt individu. Verwijder al je gevoelens van verdriet, verveling en ontevredenheid. Wees gelukzalig en tevreden."

Toen het gesprek afgelopen was, wilde niemand iets zeggen. De uitleg die Amma net had gegeven was zo mooi en veelzeggend, dat als iemand eerder een vraag had willen stellen die nu wel was vergeten. Amma zat met Haar ogen gesloten. Iedereen deed spontaan hetzelfde en met de ogen gesloten en in een verzonken toestand genoten zij van de spirituele atmosfeer die voelbaar aanwezig was, en namen die in zich op.

Later toen iedereen uit de meditatieve stemming begon te komen, vroeg Amma de brahmachari's om het lied *Sukhamenni Tirayunna* te zingen.

> *Jij die overal naar geluk zoekt,*
> *hoe kun je het vinden zonder je ijdelheid te verliezen?*
> *Hoe kun je gelukkig zijn totdat de Ene meedogende,*
> *de Moeder van het Universum, in je hart schijnt?*
>
> *De geest waarin toewijding aan Shakti,*
> *de Hoogste Kracht, niet levend is,*
> *is als een bloem zonder geur.*
>
> *Zo'n geest zal worden gedwongen*
> *om in ellende heen en weer te slingeren*
> *als een blad heen en weer geslingerd*
> *door de golven van een woelige zee.*

Raak niet verstrikt in de klauwen
van de gier die bekend staat als lot.
Vereer het Zelf in afzondering.
Hou op met het verwachten van de resultaten
van je handelingen.
Vereer de vorm van het Universele Zelf
in de bloesem van je hart.

Hoofdstuk 9

De onbegrijpelijke Amma

Zelfs de mensen die heel dicht bij Amma zijn, hebben altijd het gevoel dat Ze onbegrijpelijk is. Na een aantal jaren dicht bij Amma te zijn geweest heeft de auteur persoonlijk het gevoel dat er iets ontoegankelijks bij Amma is, dat Zij iemand is die ver boven zijn verstand uitstijgt.

De eerste groep brahmachari's die bij Amma kwamen, hebben zich altijd afgevraagd: "Hoe is het mogelijk om Amma te begrijpen? Hoe kunnen we haar wensen kennen zodat we in overeenstemming daarmee kunnen handelen en haar dienen?" Soms zijn ze in problemen gekomen door hun onvermogen om Amma te begrijpen.

Ze hebben bij talloze gelegenheden Amma's onaantastbare natuur ervaren. Het is gemakkelijk om de natuur van iemand te begrijpen als we ons een bepaalde tijd, een aantal weken of wellicht zelfs maanden, in dichte nabijheid van hem bevinden. Maar na bijna twintig jaar blijft Amma een totaal onbekende persoonlijkheid voor de eerste brahmachari's en voor iedereen die dicht bij Haar is. Brahmacharini Gayatri, die tegenwoordig bekend staat als Swamini Amritaprana en Amma al twee decennia dient, heeft eens over Amma gezegd: "Wat voor een fenomeen is dit? Zelfs de oneindigheid kan worden begrepen, maar Amma niet!"

Eens was brahmachari Balu bij Amma in Haar kamer. Brahmacharini Gayatri was er ook bij. Amma toonde zoveel liefde en tederheid aan Balu. Zij sprak lange tijd met hem, nam al zijn twijfels weg en beantwoordde al zijn vragen. Zij voedde hem zelfs met Haar eigen handen. Hij voelde zich vol met Amma's liefde, met blijdschap en gelukzaligheid. Maar plotseling draaide

Amma zich om en vroeg hem de kamer te verlaten. Er was geen spoortje liefde op Haar gezicht te bespeuren. Ze was volledig onthecht. Balu was geschokt om deze plotselinge verandering in Amma te zien en hij was helemaal in de war. Eerst dacht hij dat Amma een grap met hem uithaalde, maar spoedig besefte hij dat het menens was. Omdat hij niet begreep wat er gebeurde, wilde hij vragen waarom. Hij wilde het vragen maar hij kon het niet, omdat Amma's woorden en de afschrikwekkende blik op Haar gezicht zo intens en krachtig waren, dat hij het niet durfde. Deze plotselinge verandering in Amma's stemming was alsof een grote steen in het stille, rustige water van een meer werd gegooid. Het was alsof een prachtig kasteel in stukken uiteenviel op het moment dat zijn schoonheid werd bewonderd en gewaardeerd.

Balu bleef stil en stond als aan de grond genageld. Hij kon zich amper bewegen toen hij Amma weer hoorde zeggen: "Ga weg! Ik wil alleen zijn! Waarom duurt het zolang om weg te gaan?" Met een zwaar en gebroken hart liep Balu langzaam de kamer uit en zodra hij buiten de kamer was, gooide Amma de deur met een klap dicht. Het geluid van de dichtslaande deur klonk als een ondraaglijke harde klap die op Balu's hart gericht was.

Zelfs nadat Balu Amma's kamer had verlaten, kon hij er niet toe komen om van de deur weg te gaan. Zijn gehechtheid aan Amma was zo intens, dat hij voor de dichte deur van Haar kamer ging zitten en als een in de steek gelaten kind in tranen uitbarstte.

Balu dacht: "Hier wordt mijn vertrouwen en geduld werkelijk op de proef gesteld. Natuurlijk wordt iemand een beetje opgeblazen van trots als Amma hem voor enige tijd dicht bij Haar laat zijn. Het ego denkt: 'Ik moet heel bijzonder zijn. Waarom zou Amma mij anders zo lang zo dicht bij Haar laten zijn?' Op dat moment treft de bliksemschicht van Amma je. Het probleem is dat de geest nooit denkt: "Hoe gelukkig en gezegend ben ik om zo vaak in Amma's aanwezigheid te zijn." De geest en het ego kunnen slechts negatief denken in termen van egoïsme en trots. Wanneer Amma's onverwachte aanval komt, wordt iemands trots verbrijzeld. Als er geen trots is, als er alleen een goed en positief gevoel is van hoe gezegend ik ben en hoe genadig Amma is, dan kan er geen sprake zijn van een bedroefd en een geschokt gevoel. Pijn en verdriet komen als de rol van het ego in twijfel getrokken wordt. Als ik me niet trots voel en niet denk dat ik bijzonder ben, omdat ik zoveel tijd bij Amma doorbreng en dat ik het recht heb om in Amma's aanwezigheid te zijn, dan kan er geen droefheid zijn. Hoe kan ik me bedroefd of geschokt voelen als er alleen maar nederigheid is?"

Enkele minuten later hoorde hij iemand de deur openen. Hij hief zijn hoofd op en zag tot zijn verbazing Amma staan met een grote glimlach op Haar gezicht. Haar stemming was hetzelfde als voordat Zij Balu vertelde om te vertrekken. Alsof er niets gebeurd was, zei Ze nu tegen hem: "Kom binnen, zoon. Maar wat is er met je gebeurd? Waarom huil je?" Balu kon het nauwelijks geloven. Hij had even nodig om te kunnen begrijpen wat er gebeurde. Toen hij daar stond en zich over het vreemde gebeuren verbaasde, hoorde Balu opnieuw Amma's stem: "Zoon, kom binnen. Wat is er gebeurd? Waarom huil je?" Deze woorden waren voor Balu's hart als een flinke regenbui voor de chatakavogel[9]. Alle pijn in zijn hart smolt weg als ijs in de brandende hitte van de zon. Hij was zo overweldigd door Amma's mededogen dat hij opnieuw in huilen uitbarstte. Maar hij kon het niet helpen dat hij zich verbaasde over de ogenschijnlijke tegenstrijdigheid in Amma's natuur. Eerst was Zij één en al liefde en genegenheid. Toen was Ze plotseling om onduidelijke redenen totaal onthecht geworden. Wat was er gebeurd? Hij kon het eenvoudig niet begrijpen. Een

---

[9] Men zegt dat de chatakavogel (de neushoornvogel) alleen de waterdruppels drinkt die tijdens een regenbui vallen. Ander water smaakt hem niet. Wanneer het niet regent, voelt de chatakavogel zich dorstig en ellendig.

paar minuten later vroeg hij: "Amma, ik ben niet in staat om U te begrijpen en daarnaar te handelen. Dit is mijn grootste verdriet. Hoe kan ik U begrijpen?"

Amma glimlachte en antwoordde: "Om Mij te begrijpen, moet je Mij worden."

Het was hetzelfde als Balu had gevraagd hoe hij de oneindigheid kon begrijpen. Het antwoord was: "Je kunt oneindigheid niet begrijpen, tenzij je zelf oneindigheid wordt.

Dit is slechts één klein voorval. Er hebben zich talloze voorvallen als deze voorgedaan.

Amma's ziekte

Op een morgen was Amma erg ziek. Ze was zo zwak dat Ze zelfs niet uit Haar bed kon komen. Toevallig was het zondag en honderden mensen wachtten op Amma's ochtend*darshan*. Ze klaagde dat Ze moeilijkheden had met ademen en dat Haar hele lichaam ontzettend veel pijn deed. (Soms komt dit voor als Amma de ziekten van volgelingen op Zich neemt.) Ze had zoveel pijn dat Ze op het bed kronkelde. Maar het eenpersoonsbed was niet breed genoeg. Daarom besloot Amma dat Ze op de onbedekte vloer wilde te liggen. Gayatri en de brahmachari's waren bang dat de koude vloer haar pijn zou verergeren, daarom spreidden ze er een dikke deken over. Maar Amma wilde de deken niet, dus haalde Gayatri die weg en hielp toen Amma om op de vloer te liggen. Toen Amma op de kale vloer lag, rolde Ze kreunend van de pijn heen en weer. Dat Ze pijn leed was duidelijk. De brahmachari's besloten dat er op die dag geen morgendarshan en Devi Bhava zou zijn. Zij vertelden dit aan Amma, maar Amma zei niets. Haar stilte werd als instemming opgevat en er werd voor de ashram een bord geplaatst waarop aangekondigd stond dat zowel de morgen*darshan* als de Devi Bhava waren afgelast.

Een brahmachari ging naar beneden en bracht het nieuws aan de volgelingen die in de darshanhut op Amma zaten te wachten. Ze waren allen erg teleurgesteld.

Het was net na half tien. Amma lag nog steeds op de vloer. In haar fysieke toestand was geen enkele verbetering opgetreden. Iedereen was erg bezorgd. Gayatri en Damayanti-Amma masseerden de benen van Amma terwijl een brahmacharini een hete kruik tegen Haar borst hield. Alle ogen waren op Amma gericht. Plotseling sprong Amma van de vloer overeind en vroeg: "Hoe laat is het?" Iedereen was verbaasd en ze vroegen allemaal: "Waarom Amma? Waarom wilt U weten hoe laat het is?" Het klonk als in koor.

"Waarom vragen jullie dat?" zei Amma, alsof er niets gebeurd was, alsof er nooit iets met Haar aan de hand was geweest. "Waarom, weten jullie niet dat het vandaag zondag is? De volgelingen staan beneden al voor *darshan* te wachten. Hoe laat is het?" Ze vroeg het weer. Toen draaide Ze zich om om op de klok te kijken en toen Ze erachter kwam hoe laat het was, riep Ze uit: "O Shivane! Het is bijna kwart voor tien!" Ze stond nu op. Brahmachari Nealu protesteerde en zei: "Maar Amma, we hebben al aangekondigd dat er vandaag geen *darshan* is en de volgelingen weten het al. Ze maken zich langzaam op om te gaan. Amma, U bent erg ziek. U moet zeker een dag rust nemen." Amma keek Nealu streng aan en zei: "Wat zei je? Heb je hun verteld dat er vandaag geen *darshan* is? Heb je dat aangekondigd? En wie heeft je verteld dat Amma ziek is? Amma is niet ziek! Zij heeft zoiets nog nooit eerder gedaan! Amma is verbaasd dat jij, die al zo lang bij Haar is, zo'n enorm gebrek aan mededogen hebt Hoe haal je het in je hoofd om alle volgelingen weg te sturen?" Zij stuurde onmiddellijk brahmachari Pai naar beneden om iedereen te informeren dat Amma zoals gewoonlijk *darshan* zal geven. De volgelingen waren uitgelaten en ze haastten zich allen terug naar de hut.

Nu leek Amma helemaal in orde te zijn. Er was helemaal geen spoor van pijn of ziekte bij Haar te bekennen. Ze zei tegen de brahmachari's: "Jullie begrijpen de gevoelens van de volgelingen niet. Sommigen van hen wachten al lang vol verlangen om Amma te zien. Velen van hen hebben geld moeten lenen of hun oor- of neusringen moeten verkopen om te kunnen komen om Amma te zien. Velen schrapen tien paise per dag van hun karige loon bij elkaar om het geld voor een buskaartje te sparen om de ashram een keer per maand te bezoeken. Het is voor jullie gemakkelijk om ze weg te sturen door te zeggen dat er vandaag geen *darshan* is. Maar bedenk eens hoe ze mentaal lijden als ze Amma niet kunnen zien. Denk eens aan alle problemen die ze hebben moeten ondergaan om hier te komen. Denk aan hun teleurstelling. De meeste volgelingen nemen nooit een belangrijke beslissing in hun leven zonder het eerst aan Amma te vragen. Degenen die nu hier zijn hebben vandaag misschien een antwoord nodig. Er zijn bepaalde dingen die niet uitgesteld kunnen worden. Hoe gemakkelijk was het voor jullie om plotseling te besluiten dat er vandaag geen *darshan* zou zijn. Kinderen, probeer de problemen van anderen te begrijpen en probeer hun verdriet te voelen."

Brahmachari Nealu was ongerust en merkte op: "Wat zullen de mensen van ons denken? Ze zullen denken dat wij brahmachari's de darshan op eigen initiatief hebben geannuleerd."

Amma keek streng naar Nealu en zei: "Nealu, ben je nog steeds bezorgd over wat de mensen van je denken? Heel goed! Dus je bent bang voor anderen en hun negatieve gevoelens. Wat er ook gebeurde, het was Amma's wil, kun je het zo niet opvatten? Moet een leerling zo'n gevoel over zijn Meester hebben? De gedachte wat anderen over je denken, komt voort uit het ego. Het ego wil een goed beeld van zichzelf. Je wilt niet dat anderen je niet mogen of kritiek op je hebben. Je bent daarover veel meer bezorgd dan dat je bezorgd bent over Amma's gezondheid. Iemand die zich heeft overgegeven zal nooit zo denken. Als je je eenmaal hebt overgegeven, denk je niet aan jezelf of wat anderen over je denken. Je moet leren om je ego over te geven."

Zodra Amma was uitgesproken, verzocht Gayatri iedereen de kamer te verlaten, zodat Amma zich gereed kon maken voor de *darshan*.

Een vreemde om de geest te genezen

Twintig minuten later kwam Amma naar de *darshan*hut en begon ze de volgelingen te ontvangen. Ze was uitbundig en opgewekt en Ze zag er volkomen gezond uit.

De brahmachari's vroegen eens aan Amma hoe ze Haar verbijsterende bewustzijnstoestanden moesten begrijpen en waarom Ze soms op zo'n schijnbaar vreemde manier handelde.

Amma antwoordde: "Het is alleen volgens jullie vreemde en onrustige geest dat Amma vreemd handelt. Jullie vinden het vreemd omdat jullie bepaalde vooropgezette ideeën over gedrag hebben. Jullie hebben bepaalde begrippen en gewoonten uit je eigen leven en uit de manier waarop je bent opgevoed opgepikt. Jullie geloven dat bepaalde manieren om je te gedragen vreemd zijn en dat andere normaal zijn. Vreemd en normaal zijn alleen jullie eigen ideeën, jullie eigen persoonlijke overtuiging. Je wilt dat Amma spreekt en handelt op de manier waarop je bent opgevoed.

Je kunt bepaalde ideeën over het leven hebben, waarvan je denkt dat ze juist zijn, maar ze zullen zeker verschillen van die van ieder ander. Iedereen heeft zijn eigen ideeën, zijn eigen gedachten en gevoelens, en iedereen denkt dat hij gelijk heeft en dat de ander het verkeerd heeft. Iedereen functioneert op deze wijze. Elke geest heeft zijn eigen ideeën geschapen en elke geest verwacht dat Amma binnen dat raamwerk past.

Het is waar dat Amma probeert al Haar volgelingen die bij Haar komen om van hun verdriet, hun lijden en hun angst bevrijd te worden, tevreden te stellen. Jullie moeten gezien hebben hoe Amma met hen omgaat zodat ze zich op hun gemak voelen zodat ze zich in Haar aanwezigheid zullen openen. Hoe meer ze zich openen, hoe meer Amma aan hen kan werken. Amma zou graag Haar hele leven willen opofferen om anderen gelukkig te maken. Maar Amma gelooft niet dat ze met jullie op dezelfde wijze moet omgaan, omdat jullie je hele leven eraan willen wijden om God te kennen. Jullie geest moet gekarnd en nog eens gekarnd worden, zodat hij zuiverder wordt dan het meest zuivere, zó helder, dat je het werkelijke bestaan, het Atman, kunt waarnemen. Met andere woorden je moet zonder geest worden. Maar dat is niet gemakkelijk. De geest kan niet eenvoudigweg worden verwijderd. Hij wordt opgelost door de hitte van *tapas* en deze hitte ontstaat doordat de Meester jullie disciplineert in combinatie met jullie liefde en genegenheid voor hem.

Jullie geest en intellect kunnen de Meester niet begrijpen en daarom noemen jullie hem vreemd en tegenstrijdig. Maar begrijp goed dat het alleen je geest is die hem zo beoordeelt.

In de door *tapas* veroorzaakte hitte zal de geest met al zijn oordelen en vooroordelen wegsmelten en dan begin je vanuit je hart te handelen. Om dit te laten gebeuren moet de leerling ontzettend veel geduld hebben.

Een ware Meester offert zijn hele leven op om zijn leerlingen, volgelingen en de hele maatschappij te verheffen. Maar er moeten ook verplichtingen zijn van de andere kant. Wees geduldig en je zult alles van een ware Meester ontvangen.

Probeer de Meester niet met je intellect te beoordelen. Je begrip van hem zal zeker verkeerd zijn. Omdat je in je geest verblijft en je gewoonten en neigingen erg sterk zijn, zal je blijven proberen om het mysterie van de 'vreemde stemmingen' van de Meester door logica en redeneren op te lossen. Maar je zult het niet begrijpen, totdat het je uiteindelijk duidelijk wordt gemaakt dat de Meester niet met de geest of het intellect te begrijpen is. Je komt dan tot het besef dat vertrouwen de enige weg is. Alleen door overgave en een kinderlijke openheid, kan men hem leren kennen.

De geest zal door al die pogingen om de Meester met het intellect te begrijpen uitgeput raken. Je zult tot het besef komen dat je in al je pogingen om de oneindige natuur van de Meester met de geest te begrijpen, machteloos bent. Uiteindelijk stel je je open. Je wordt plotseling ontvankelijk. Dit proces brengt *tapas* met zich mee en het is je liefde en de gehechtheid aan de uiterlijke vorm van de Meester die de hitte afdwingt.

Je kunt de Meester vreemd noemen, maar het is slechts je geest die zegt dat hij vreemd is. De geest schept een gevoel van vreemdheid in je, omdat je je ermee identificeert. Hoe meer je je met een intens gevoel van liefde in je hart aan de discipline van de Meester overgeeft, hoe meer je erachter komt dat het je geest is die vreemd is en niet de Meester.

De geest is een buitenstaander. Hij is een vreemdeling in je ware thuis, het Zelf. Omdat de geest een vreemd element is, veroorzaakt hij een irritatie die jeukt. De jeuk zijn de verlangens van de geest. Het is hetzelfde gevoel dat je soms hebt om aan een jeukende wond te krabben. Wanneer je aan de wond krabt, vind je dat kalmerend en daarom krab je herhaaldelijk totdat de wond en de omgeving ervan rood worden en geïnfecteerd worden. En daarmee neemt de pijn van de wond alleen maar toe.

De geest veroorzaakt zo'n jeuk wanneer hij vol verlangens en emoties zit. Dus je blijft maar krabben, totdat uiteindelijk je hele leven één grote met pus geïnfecteerde wond wordt.

Alle pus moet uit je wond worden geknepen; alleen dan zal de wond genezen. Het is Amma's taak om de wond te behandelen en de pus eruit te knijpen. Zo toont Amma Haar mededogen met je maar wanneer Ze dat doet, noem je dat vreemd. Maar Amma maakt zich niet druk om je reactie, want die wordt alleen door gebrek aan begrip veroorzaakt. Je zou Amma normaal vinden als Zij doorgaat met de wond te kalmeren en tegelijkertijd jou toestaat om eraan te krabben. De keus is aan jou. Als je wilt dat de wond alleen maar gekalmeerd wordt en niet geneest, dan vindt Amma dat prima, maar op den duur zul je pijn lijden.

Stel dat je naar een dokter gaat om een wond te laten behandelen. De dokter geeft je misschien een injectie, waarna je nog meer pijn hebt dan voorheen. De wond zit vol pus en de pijn kan ondraaglijk zijn. Je vraagt de dokter: "Hoe kan ik nu zoveel pijn hebben nadat U mij medicijnen heeft gegeven?" De dokter antwoordt glimlachend: "Maak je geen zorgen. De injectie was alleen maar bedoeld om alle pus naar buiten te brengen. Het moet er allemaal uit komen." De dokter lijkt tevreden over je aandoening omdat hij weet dat de behandeling werkt. Maar jij vindt het vreemd dat de dokter tevreden is. Je kunt de dokter niet de schuld geven van je beperkte begrip. Hij weet wat hij doet en het is zijn taak om te doen wat het beste voor je is. Je zult hem waarschijnlijk verkeerd beoordelen omdat je niets weet. Hij geneest de wond, maar voordat de wond geneest, is pijn onvermijdelijk. De pijn die je nu ervaart is bedoeld om alle pijn te verwijderen. Als je zelf geen dokter bent en je niets van medische behandeling weet, behoren jouw ideeën over hoe een ziekte moet worden behandeld alleen aan jou en je geest toe.

Hetzelfde is het geval met een ware Meester. Het gevoel van verwarring en de pijn die je nu ondergaat, komen door de spirituele behandeling die hij je geeft om de pus uit de wonden van het verleden naar buiten te brengen.

Uiterlijke wonden en sneden zijn geen groot probleem. Ze zullen spoedig genezen mits ze goed worden behandeld. Maar de innerlijke wonden zijn veel ernstiger. Ze kunnen je hele leven verwoesten omdat je onwetend bent en niets van die wonden weet. Een gewone dokter kan zulke wonden niet behandelen. Het zijn diepe, eeuwenoude wonden, waarvoor je een alwetende, goddelijke dokter nodig hebt. Een ware Meester is absoluut nodig, iemand die in al je vorige levens kan kijken, die weet hoe hij je innerlijke wonden kan behandelen en genezen."

Vraag: "Amma, U vergeleek de geest met een vreemd element. Waarom is het vreemd? Kunt U alstublieft hier wat verder op ingaan.

Amma: "Steeds wanneer een vreemd element in ons leven komt, proberen we het zonder genade te verwijderen. Als er bijvoorbeeld een stofdeeltje in ons oog zit, willen we het eruit halen. Waarom? Omdat het geen deel van ons oog is. Het behoort ons niet toe. Hoe zit dat met een ziekte? Zelfs van hoofdpijn of maagpijn willen we afkomen, omdat het ons niet toebehoort. Het lichaam wil het afstoten omdat het geen deel van onze natuur is. Evenzo is de geest een vreemd element, een volslagen vreemde, waar we van af moeten komen.

Iedereen wil gelukkig en vredig zijn. Daarover is geen verschil van mening. Maar om werkelijke vrede en geluk te verkrijgen moet men boven de geest en zijn verlangens uitstijgen. Het is de geest die verdriet en jeuk veroorzaakt. De geest is als een wond. Elke keer als een verlangen naar boven komt, heb je een jeukend gevoel aan de wond van je geest. Het verlangen vervullen is als het krabben aan de wond en je jeuk is dan even voorbij. Maar je bent je er helemaal niet van bewust dat je, door aan je verlangens toe te geven, de wond van de geest alleen maar dieper maakt. Hij wordt meer en meer geïnfecteerd. Maar de geest zal voortdurend meer blijven eisen en verlangen en je zult doorgaan om deze verlangens te vervullen. Het is als het voortdurend krabben aan de wond van de geest, wat de wond alleen maar steeds groter maakt.

Als je het stof in je ogen krachtig blijft wrijven in plaats van het eruit te halen, zullen de pijn en irritatie alleen maar toenemen. Verwijder het stof en je zult je goed voelen. Evenzo is de geest een vreemd element, zoals stof in het oog. Leer om van de geest af te komen. Alleen dan zul je volmaaktheid en geluk bereiken.

Het doel van alle mensen is om gelukkig en vredig te zijn. Maar ze kiezen de verkeerde wegen om dat te bereiken. Bijna iedereen weet dat hij geen werkelijke vrede en geluk ervaart. Ze missen iets in het leven en ze proberen die leemte op te vullen door meer te verwerven en bezitten. Maar het werkelijke probleem zit in je geest. De geest is een vreemdeling die geëlimineerd moet worden. Maar wie kan dit doen? Alleen iemand die voor jouw geest een volslagen vreemde is, kan hem uitschakelen. De Meester is die vreemdeling. De *Mahatma*, de volmaakte Meester, is misschien voor jouw geest niet te begrijpen, maar hij kent je vreemde geest en zijn vreemde manieren door en door. Hij is de Meester van alle geesten, maar voor jouw geest is hij inderdaad een zeer vreemd verschijnsel.

Zolang je geest bestaat, zul je de manieren van de *Mahatma* als vreemd beoordelen, maar wanneer je langzamerhand de geest en zijn gedachten onder controle krijgt, zul je beseffen dat er helemaal niets vreemds aan de *Mahatma* was. Het was alleen jouw geest die vreemd was.

Zoals Amma al eerder heeft gezegd, moet je geest gekarnd worden. Alleen een duidelijke vreemdeling met vreemde stemmingen weet hoe hij je geest moet karnen. Je bent gewend aan gewone mensen met gewone stemmingen en soms wordt je geest door hen gekarnd. Maar dit karnen is slechts oppervlakkig en niet toereikend. Het effect van het echte karnen is dat het diepste deel van je geest wordt bereikt. Alleen dan vindt er zuivering plaats.

Geen enkel gewoon mens kan dit doen, omdat geen enkel mens de vreemdheid van jouw geest zo goed kent als de ware Meester. Een ware Meester staat boven de zintuigen en de geest. Daarom noem je hem vreemd. Maar alleen zo'n vreemd persoon die boven de zintuigen en de geest uitgestegen is, kan je geest doeltreffend karnen en kan je helpen om je vreemde geest en zijn vreemde gevoelens uit te schakelen.

Die vreemde persoon is de Meester, de Satguru. De Satguru brengt de leerling door zijn liefde en mededogen dicht bij zich en dan begint langzaam, door zijn schijnbaar vreemde manieren en stemmingen, het karnen.

Kinderen, er is een spreuk in het Malayalam die luidt: "Vang de vis nadat je het water in beweging hebt gebracht." Als je onrust in een vijver creëert, zullen alle vissen die in verschillende delen van de vijver wonen, van onder de modder vandaan en uit andere schuilplaatsen komen. Ze zullen het angstaanjagende geluid horen en snel tevoorschijn komen. Het is als het volledig karnen van een vijver. Als alle vissen eenmaal uit hun schuilplaatsen zijn gekomen, zal de visser zijn net uitgooien en ze vangen. Op dezelfde wijze zal de Meester op zijn vreemde en onbegrijpelijke wijze beroering in onze geest scheppen. Deze beroering zal alle *vasana's* (neigingen), die diep in ons sluimeren, naar buiten brengen. Alleen als deze vasana's zich manifesteren, kunnen we ons van hen bewust worden en ze verwijderen. De vreemde manieren van de Meester zijn welbewust geschapen alleen om je geest te vangen. De onrust die de Meester je laat ervaren, dient alleen maar om je de hoeveelheid negativiteit die je in je hebt, te laten zien. Als je eenmaal het ontzaglijke gewicht van de negatieve last die je met je meedraagt beseft, zul je een oprecht verlangen hebben om ervan af te komen. Dit stelt je in staat om met de Meester mee te werken, omdat je nu weet wat de grondoorzaak van de jeuk is; je weet hoe diep de wond is. Je wil de last niet meer dragen. Je wilt jezelf van die last verlossen en volledig gelukkig en ontspannen zijn. Als je je eenmaal van de negativiteit bewust wordt, is het gemakkelijk om die uit te schakelen. Je komt te weten dat je geest de werkelijke oorzaak van al je verdriet en lijden is en door de Genade van de Meester zul je in staat zijn er afstand van te doen."

Hoofdstuk 10

Een goede herinnering

Een brahmachari wilde voor een aantal maanden de ashram verlaten om enige tijd in eenzaamheid door te brengen. Al geruime tijd had hij Amma hierom gevraagd. Maar Amma zei tegen hem: "Waarom wil je weg? Zal het je goed doen? Amma denkt niet dat je iets zult winnen door uit deze atmosfeer weg te gaan. Als je doel Zelfverwerkelijking is, dan is dit de plek waar je het beste kan zijn. Maar als je volgens je *vasana's* wil handelen, dan is het prima, ga dan je gang maar. Het probleem wordt door je geest veroorzaakt. Zolang je de geest met je meedraagt, waar je ook heen gaat, zul je niets winnen. Je kunt van plaats en omstandigheden blijven veranderen, maar je zult toch dezelfde oude persoon blijven met dezelfde oude gewoonten en neigingen, als je je rumoerige geest niet tot zwijgen brengt. Zelfverwerkelijking zal buiten je bereik blijven, totdat je je geest tot rust brengt. Wat jij nodig hebt is geen andere plaats of andere omstandigheden, maar iemand die zijn eigen geest volledig tot rust heeft gebracht. Alleen zo iemand kan jou helpen om je van je werkelijke probleem bewust te worden en je van het probleem af helpen; alleen zo iemand kan jouw geest helpen stil en rustig te worden."

Desondanks besloot de brahmachari te gaan. Hij verliet de ashram vroeg in de morgen en liet een brief voor Amma achter, waarin stond: "Amma, vergeef me dat ik U niet gehoorzaam. Het verlangen om alleen te zijn is zo sterk dat ik het niet kan weerstaan. Ik moet gewoon weg. O Meedogende Moeder, accepteer mij alstublieft als Uw zoon en leerling als ik terugkom."

Maar de brahmachari, die op zijn minst drie maanden in eenzaamheid wilde doorbrengen, keerde nog diezelfde dag naar de ashram terug. Later beschreef hij een zeer interessant incident dat hem dwong om het idee om de ashram te verlaten op te geven.

In de hoop om de vroege bus naar Kayamkulam te nemen, was hij 's morgens vroeg de backwaters per boot overgestoken. Toen hij in de buurt van de bushalte kwam, kwamen er plotseling zo'n zes honden op hem af die de weg versperden. De brahmachari dacht dat de honden ongevaarlijk waren en besloot er geen acht op te slaan. Hij probeerde gewoon door te lopen. Maar zodra hij een stap verzette, begonnen de honden woest tegen hem te blaffen. De brahmachari nam een stok die vlakbij lag met de bedoeling om de honden weg te jagen. Maar hierdoor werden de honden nog agressiever en hun geblaf nog wilder. Enkele honden kwamen dreigend op de brahmachari af. Het was zijn bedoeling om de honden weg te jagen, maar uiteindelijk werd hij zo bang dat hij de stok liet vallen. Zodra hij de stok liet vallen, hielden de honden op met blaffen en stonden stil, maar ze gaven niet toe. Ze bleven de weg versperren en gingen geen centimeter opzij. De brahmachari ondernam een tweede en derde poging om de bushalte te bereiken, maar zodra hij een stap probeerde te zetten, begonnen de honden weer te blaffen en zij bleven de weg versperren.

Op een gegeven ogenblik werd de brahmachari zo kwaad op de honden, dat hij een paar stappen dreigend op hen af liep. Maar toen hij dat deed, sprong er een hond op hem af en met een snelle beweging beet hij hem in zijn rechterkuit. Het was geen diepe wond, maar zijn been bloedde wel. De brahmachari was geschokt over wat er gebeurde. Zijn ogen werden geopend. Hij dacht: "Dit moet Amma's *lila* zijn, omdat Ze niet wil dat ik ga. Ik ben ongehoorzaam en zelfs mijn ongehoorzaamheid zal geen succes hebben als het Amma's wil niet is. Waarom zouden deze honden zich anders zo vreemd gedragen?" Door deze gedachte voelde de brahmachari zich enigszins getroost en keerde terug naar de ashram.

De brahmachari wilde deze gebeurtenis geheim houden. Hij besloot het later aan Amma te vertellen, wanneer hij er gelegenheid toe had. Maar tot zijn verbazing vroeg Amma hem de volgende morgen: "De honden hebben je een lesje geleerd, nietwaar?" Amma lachte en vervolgde: "Zoon, beschouw dit als een gepaste straf voor je ongehoorzaamheid." Spoedig kwam iedereen over de gebeurtenis te weten. Toen de brahmachari de dagen daarna met een verband om zijn been in de ashram rondliep, leidde dat tot veel hilariteit overal waar hij heen ging. Hij werd genadeloos door de andere bewoners geplaagd. Amma keek naar zijn verband en zei lachend: "Laat dit een goede herinnering zijn." De brahmachari had veel berouw. Hij huilde overvloedig en vroeg Amma om vergeving.

Later wilde hij weten hoe dit kon gebeuren. Hij vroeg Amma: "Waarom gedroegen de honden zich zo raar? Het was Uw wil die door hen werd uitgedrukt, nietwaar? Maar is zoiets mogelijk?"

De alles doordringende natuur van een ware Meester

Amma antwoordde: "Zoon, heb je nooit het verhaal gehoord hoe de hele Natuur antwoordde toen de grote wijze Vedavyasa zijn zoon Suka riep toen hij hem aanspoorde terug te keren? Zelfs als jongen was Suka al onthecht van de wereld. Vedavyasa wilde dat zijn zoon zou trouwen en een normaal leven als gezinshoofd zou leiden. Maar Suka, die in goddelijk staat werd geboren, had de grote wens om een leven als asceet te leiden. Dus op een dag gaf hij alles op en vertrok om *sannyasi* te worden. Toen Suka wegliep, riep Vedavyasa de naam van zijn zoon. Het was de Natuur die op zijn roep antwoordde: de bomen, de planten, de bergen, valleien, dieren en vogels, allemaal gaven ze hem antwoord. Maar wat betekent dit nou precies?

Iemand die één met het Hoogste Bewustzijn is geworden, is ook één met de hele schepping. Hij is niet langer alleen maar het lichaam. Hij is de levenskracht die in en door alles in de schepping schijnt. Hij is dat Bewustzijn dat haar schoonheid en levenskracht aan alles geeft. Hij is het Zelf dat immanent in alles aanwezig is. Dat is de betekenis van het verhaal.

Toen Vedavyasa zijn zoon Suka riep, antwoordde de Natuur omdat Suka dat Zuivere Bewustzijn was, dat immanent in de hele Natuur aanwezig is. Vedavyasa riep Suka, maar Suka was niet het lichaam en daarom had hij geen naam en vorm. Hij was voorbij iedere naam en vorm. Hij bestond in iedereen en de lichamen van alle wezens waren van hem. Hij was in ieder lichaam en daarom antwoordde alles.

Jij zag alleen de buitenkant van de honden. Maar wat zat er in die honden? In elke hond huist het Atman. Wat je ziet, kun je een hond noemen omdat het de vorm van een hond heeft. Maar als je eenmaal de waarheid realiseert, ervaar je dat de hond en alles wat in de schepping bestaat, doordrongen is van het hoogste Atman. Een ware *Mahatma* kan alles aan zich laten gehoorzamen, of het bewuste of niet bewuste zaken betreft. Alles is van hem en alles kan door hem bestuurd worden. Niets is onmogelijk voor een *Mahatma*. Zelfs een houten plank zal alles volgens zijn wil doen. Wat kan hij dan de hond niet laten doen, die veel intelligenter is? De *Mahatma* kan door de zon, de maan, de oceaan, bergen, bomen en dieren handelen. Hij kan zich in de hele schepping uitdrukken. Hij hoeft maar een bevel te geven. Een woord, een blik, een gedachte of een aanraking is genoeg om alles te laten gehoorzamen.

Ken je het verhaal hoe Sri Krishna een hele kudde koeien tegen een krachtige demon opzette, die kwam om de koeien te stelen? Hij zette de koeien tegen de demon op door gewoon op Zijn fluit te spelen. De demon was een dienaar van Kamsa,

Krishna's slechte oom. Kamsa had op veel manieren geprobeerd om Krishna te doden door zijn trouwe demonen één voor één in te zetten om het karwei te klaren. Maar al zijn pogingen mislukten. Zijn veelvuldige mislukkingen maakte Kamsa erg wraakzuchtig. Op een dag riep hij een andere demon bij zich en gaf hem de opdracht om alle koeien van Krishna en zijn vrienden te doden.

Iedere morgen gingen Krishna en de herders met de koeien naar de weiden om ze laten grazen. De weiden lagen ver van Gokul verwijderd, waar Krishna en Zijn vrienden woonden. Op een dag, toen de koeien blij in een bos aan het grazen waren, verscheen de demon. Allereerst wilde hij alle koeien naar een meer geschikte plaats brengen, waar hij ze dan met behulp van zijn demonische krachten kon doden. De monsterlijke verschijning van de demon was genoeg om de koeien angst aan te jagen en ze renden als gekken heen en weer. Het lukte de demon de hele kudde bijeen te drijven en ze in een bepaalde richting te laten rennen. Krishna's vrienden, de herders, waren geschrokken en renden naar de plaats waar Krishna zat. Toen ze Hem vertelden wat er gebeurd was, glimlachte Sri Krishna en nam vervolgens Zijn fluit en begon een mooi, melodieus wijsje te spelen. Dat was alles wat nodig was. Zodra de koeien, die in de richting renden waar ze door de demon naar toe gedreven werd, dat melodieuze wijsje hoorden, keerden ze zich om en achtervolgden de demon. Er waren honderden koeien en nu hadden de magische krachten van de demon geen enkele vat meer op hen. Dus het was ten slotte de demon die voor de koeien moest vluchten.

De Heilige Jnaneswar kon een muur laten bewegen en een os de *Veda's* laten zingen.

Meesterschap over de geest betekent meesterschap over de gehele schepping. Het betekent niet alleen maar meesterschap over je eigen individuele geest. Je wordt de meester over alle geesten, alle geesten staan onder je bevel. Wanneer je dit eenmaal realiseert, kan er geen scheiding meer van iets zijn."

Neem je toevlucht aan de voeten van een volmaakte Meester

Over het voorval van de brahmachari die probeerde weg te gaan, weidde Amma later uit: "Overal ter wereld rennen de mensen overal naar toe op zoek naar spiritualiteit en Zelfrealisatie. Ze zoeken een vredige, eenzame plaats, misschien een grot, een woud of een bergachtig gebied met een rivier in de buurt, enzovoort. Wat ze allereerst moeten doen is leren hoe geduldig te worden en zich ergens te vestigen, maar niet zomaar ergens waar ze willen; het moet aan de voeten van iemand zijn die hen kan helpen inzien dat hun problemen niet afkomstig zijn van ergens buiten henzelf, maar dat ze in henzelf bestaan. Het moet iemand zijn die de zoeker bij de hand kan nemen en hem naar het doel kan leiden; het moet iemand zijn die de beginneling het gevoel geeft dat hij niet alleen is, dat hij altijd de hulp en de liefdevolle leiding van zijn Meester heeft, die begiftigd is met oneindige spirituele kracht.

Dit is geen gemakkelijk pad en het gaat met lijden gepaard. Maar de beginneling mag niet te veel pijn voelen, want dan kan hij van het pad af raken of weg willen lopen. Bekwame leerlingen zijn tegenwoordig moeilijk te vinden. Lang geleden, toen waarheid en geloof in de samenleving de overhand hadden, waren zij er wel. Hun gerichtheid op het doel was zo sterk, dat ze gemakkelijk de strenge discipline van de Meester konden doorstaan. Deze zoekers hadden volledig vertrouwen en overgave. Maar alles is veranderd. Geloof en overgave zijn loze woorden geworden. Meer praten en minder doen is de handelwijze van de moderne tijd en de neigingen van de geest zijn sterker dan vroeger. Niemand wil gedisciplineerd worden. Iedereen wenst zijn ego te houden, het is zo kostbaar voor ze. Mensen denken dat het ego een verfraaiing is; het wordt niet meer als een last beschouwd. Mensen voelen de zwaarte van hun ego niet meer. Ze voelen zich op hun gemak in hun kleine, harde schelp. Ze zijn bang en onzeker om eruit te komen. Ze denken dat ze waar ze zijn goed beschermd zijn. Voor hen is wat buiten de schelp van hun ego ligt angstaanjagend, het is onbekend en daarom onveilig. Ze geloven dat wat buiten hun ego ligt niet voor hen bestemd is, het is alleen bestemd voor degenen die 'niets anders kunnen'.

Voor overgave is moed nodig

Je aan een Meester overgeven is niet gemakkelijk. Daar is moed voor nodig. Het is alsof je in een stromende rivier springt. De Meester is de stromende rivier. Als je eenmaal erin springt, zal de stroming je onverbiddelijk naar de oceaan meevoeren. Daar is geen ontsnappen aan. Je kunt je ertegen verzetten en proberen tegen de stroom in te zwemmen, maar de rivier is zo sterk dat hij je zeker naar de oceaan zal brengen, naar God of het Zelf, je werkelijke woonplaats. Erin springen is overgave. Daar is een moedige geest voor nodig, omdat het vergeleken kan worden met de dood van je lichaam en geest.

Misschien neem je de duik nu nog niet, omdat je er nog niet klaar voor bent om in het diepe water van de rivier te springen. Voorlopig wil je misschien aan de oever van de rivier blijven staan om van de schoonheid van de rivier te genieten. Je wil misschien van de koele zachte bries, het voortdurende kabbelen van het stromende water, de kracht en de bekoring van de rivier genieten. Dat is prima. De rivier zal je niet dwingen om erin te springen en je kunt er zo lang staan als je wil omdat hij je niet weg zal sturen. Hij zal niet zeggen: "Genoeg is genoeg! Ga weg! Er is een lange wachtlijst." Ook zal hij niet zeggen: "Goed, je tijd is om.

Of je springt nu in me of ik zal je ertoe dwingen." Nee niets van dat alles. Het wordt helemaal aan jou overgelaten. Je kunt erin springen of op de oever blijven staan. De rivier is er gewoon. Hij is altijd bereid je te accepteren en je te reinigen.

De rivier van de Meester heeft geen ego. Hij denkt niet: "Ik stroom, ik ben krachtig en mooi. Ik heb de kracht om je naar de oceaan te brengen. In wezen ben ik de zee. Kijk eens hoeveel mensen in mij baden en zwemmen en hoe ze van me genieten." Nee, de rivier van de Meester heeft niet zulke gevoelens. Hij stroomt gewoon omdat het zijn natuur is.

Maar wanneer je erin duikt, is de stroming zodanig dat je bijna een lijk zult worden. Je vindt jezelf zo machteloos dat je geen andere keus hebt om je gewoon stil te houden en de rivier je te laten meevoeren naar waar hij maar wil. Je hebt de vrijheid om te kiezen. Je kunt of op de oever blijven of erin duiken. Maar als je de sprong eenmaal maakt, heb je geen keus meer; je zult je individualiteit verliezen, je zult je ego moeten opgeven. Op dat moment verdwijn je en je bemerkt dat je in Zuiver Bewustzijn drijft.

Dus je bent vrij om op de oever te staan. Maar voor hoe lang? Vroeg of laat zal je je om moeten draaien en naar de wereld teruggaan of je zult erin moeten springen. Zelfs als je naar de wereld teruggaat, zijn de schoonheid en de bekoring van de rivier zo bekoorlijk en verleidelijk dat je terug blijft komen. De dag zal komen dat je wordt verleid om de beslissende sprong te nemen. En ten slotte zul je erin duiken, het zal zeker gebeuren.

Terwijl je aan de oever staat, kun je veel over de rivier zeggen. Je bezingt zijn roem, je beschrijft zijn schoonheid, je hebt veel meningen over de rivier en je zult eindeloos veel verhalen over de rivier en zijn geschiedenis kunnen vertellen. Maar je beschrijft de rivier en je vertelt er verhalen over zonder dat je ooit er een duik in hebt genomen. En alles wat je over de grootheid van de rivier zegt terwijl je er niet in bent geweest, is gewoon nietszeggend. Wanneer je er uiteindelijk in duikt en je aan de Rivier van het Bestaan, de Volmaakte Meester, overgeeft, zul je stil zijn. Je zult niets te zeggen hebben.

Overgave maakt je stil. Overgave laat het ego verdwijnen en het helpt je je nietigheid en Gods alwetendheid te ervaren. Als je eenmaal weet dat je niets bent, dat je totaal onwetend bent, dan heb je niets te zeggen. Je hebt slechts onvoorwaardelijk en onverdeeld vertrouwen; je kunt alleen in diepste nederigheid buigen. Om werkelijk te weten, moet men nederig zijn. Het ego en het ware weten zijn niet verenigbaar. Nederigheid is het teken van ware kennis.

Er zijn mensen die welbespraakt zijn. Ze neigen ernaar om een groot ego te hebben. Er zijn uitzonderingen, maar de algemene tendens is om meer te praten en minder te doen. Waarom? Omdat ze zich niet aan een hogere waarheid hebben overgegeven, aan de hogere waarden van het leven. Ze hebben Gods almachtige natuur niet werkelijk geaccepteerd en zijn zich niet bewust van hun eigen nietigheid, ook al praten ze erover. Deze mensen kunnen veel goeds voor de wereld doen, maar ze doen ook veel kwaad.

Amma probeert niet te generaliseren. Niet iedereen is zo. Onder hen zijn mensen die zich hebben overgegeven, maar dat zijn er slechts enkelen, die op de vingers van één hand zijn te tellen. De algemene neiging is om zo egoïstisch mogelijk te zijn.

Het ego doodt je ware Zelf

Het grootste probleem in de politiek en de zakenwereld is de sterke concurrentie en de harde strijd die tussen partijleden of tussen concurrerende bedrijven wordt gevoerd. Iedereen probeert zijn suprematie over de anderen te vestigen. In zulke omstandigheden moet je wat agressie aan je concurrenten laten zien; je wilt ze in je macht hebben, en daarom moet je hun laten zien dat je meetelt. Om je doel te bereiken ben je bereid om iedere methode te gebruiken. Je geeft er zelfs niet om als het onmenselijk is. En in de strijd om te overleven verlies je je menselijke eigenschappen. Je wordt bijna een dier. Je verliest je hart en een harde rots komt ervoor in de plaats. Je zorg om je medemens gaat verloren. Het ware Zelf wordt opgeofferd. Amma heeft het volgende verhaal gehoord:

Een man was in een rechtszaak verwikkeld. Hij dacht dat hij de zaak zou verliezen en vertelde vertwijfeld aan zijn advocaat dat hij op het punt stond om de rechter als steekpenning een complete set golfclubs te schenken. De advocaat was geschokt en zei tegen zijn cliënt: "De rechter is erg trots op zijn eerlijkheid. Hij kan niet worden omgekocht. Als je dat doet, zul je hem tegen je in het harnas jagen en dan kun je de uitkomst wel raden."

De man won het geding en toen het allemaal voorbij was nodigde hij de advocaat uit voor een etentje. Hij drukte zijn dankbaarheid uit aan de advocaat voor zijn advies over de golfclubs. "Ik heb ze toch naar de rechter gestuurd', zei hij, 'maar ik heb ze namens onze tegenstander verstuurd."

Het ego maakt dat het leven erg veel op een slagveld lijkt en op het slagveld zijn alleen maar vijanden, geen vrienden, niemand die ons na aan het hart ligt. Op het slagveld is geen liefde en zorg voor anderen. Je denkt altijd aan hoe je de ander kunt verwoesten. Je denkt nooit aan vergeten en vergeven. Zelfs degenen die aan jouw kant schijnen te staan, proberen je neer te halen. In feite denken zij op dezelfde manier als jij. Ze hebben dezelfde achterdocht. En zo komt het dat je om te beginnen je tegenstanders afmaakt en eindigt met het afmaken van de mensen aan je eigen kant. Macht en geld maken je blind. Waarom zou al deze narigheid er moeten zijn? Omdat er geen overgave of nederigheid is. Iedereen voelt dat hij iets bijzonders is, dat hij belangrijk is. Dus blijven

144

ze proberen de anderen te laten zien hoe belangrijk ze zijn en dit eindigt altijd in vernietiging.

Onlangs bezocht een filmacteur Amma en hij sprak over zijn strijd om in de filmwereld te overleven. Hij zei tegen Amma: "Mensen hebben de indruk dat de filmwereld een van de beste werkterreinen is en dat filmsterren een gelukkig en tevreden leven leiden". Met veel pijn vertelde hij aan Amma dat filmster een van de slechtste beroepen is die je kunt kiezen vanwege de jaloezie en de wedijver tussen de acteurs. Degenen die de top hebben bereikt, moedigen de andere acteurs nooit aan om te slagen. Hoewel er veel getalenteerde acteurs en actrices zijn, zijn ze aan de genade van de producenten, regisseurs en de toonaangevende acteurs en actrices overgeleverd. Er heerst onderling een schaamteloze vijandigheid omdat iedereen probeert de anderen af te breken.

Soms verbergen mensen hun ego om iets te bereiken. Stel dat iemand werk zoekt. Hij heeft lang rondgedoold zonder erin te slagen om werk te vinden. Als hij bij een fabriekseigenaar komt om naar werk te vragen, verbergt hij zorgvuldig zijn ego en gedraagt zich erg nederig. Hij stemt snel in met alle voorwaarden die de eigenaar stelt en tekent de arbeidsovereenkomst. Hij herhaalt zelfs verschillende malen de belofte, dat hij nooit zal deelnemen aan enige vorm van staking of protest die tegen de leiding zou kunnen worden opgezet en dat hij zonder mankeren zijn plichten direct zal vervullen. Maar als hij de baan eenmaal heeft, begint hij te denken dat hij iets is en wil hij dat laten zien. Hij begint met al zijn beloftes te breken en vergeet de belofte die hij herhaald heeft. Hij brengt zijn verborgen ego naar buiten.

Wanneer je je aan een hoger bewustzijn overgeeft, geef je al je aanspraken op; je laat je greep op alles wat je vasthoudt, los. Of je nu wint of verliest, het maakt niets uit. Je wil niet langer iets zijn. Je verlangt om niets te zijn, helemaal niets. Zo duik je in de Rivier van het Bestaan.

Het ego, of de geest, laat je voelen dat je iets bent. Als dat niet wordt uitgeschakeld, kun je niet diep in je eigen bewustzijn duiken. Je moet niets worden. Zelfs geen spoor van 'ik ben iets' mag overblijven. Als je iets bent, is er geen ingang naar het rijk van Zuiver Bewustzijn.

De schoonheid ligt in egoloosheid

Het ego kan alleen maar vernietigen. Het vernietigt alles, zelfs het leven zelf. Het vernietigt alles wat goed en mooi is. Als het ego overheerst, overheerst lelijkheid ook, omdat het ego inherent lelijk en weerzinwekkend is. Een egoïstisch iemand kan knap en zeer bekwaam zijn, maar niettemin zal er een onaangenaam gevoel rond hem zijn.

Ravana, de demonenkoning, was knap, majestueus en erg begaafd. Hij was een groot zanger en begaafd musicus. Hij kon schitterend meerdere instrumenten tegelijk bespelen. Hij was een groot geleerde, een groot componist en schrijver. Maar er was altijd iets weerzinwekkend over hem. Hoewel hij al deze grote kwaliteiten bezat, had hij ook een onprettige aard. Dit kwam omdat hij buitengewoon egoïstisch was. Hij dacht dat hij groter was dan iedereen. De gedachte: 'Ik ben iets groots', schept een zekere lelijkheid in iemand.

Vedavyasa was daarentegen helemaal niet knap. Maar zijn verschijning was goddelijk en uitzonderlijk mooi omdat hij de belichaming was van nederigheid en eenvoud. Hij had geen ego. Hij was echt groot, maar hij maakte er nooit aanspraak op dat hij groot was. Hij vond van zichzelf dat hij niets was en daardoor was hij alles.

Vedavyasa was een ziel die zich volledig had overgegeven, terwijl Ravana zich helemaal niet overgegeven had. Ravana had een uitgesproken opgeblazen ego terwijl Vedavyasa helemaal

geen individueel ego had. Hij was het verpersoonlijkte Zuiver
Bewustzijn. Het verschil is ontzaglijk."

Iedereen zat als betoverd te luisteren naar Amma's woorden.
Ze bleven Amma, de onbegrijpelijke, aanstaren.

Brahmachari Pai zong een lied met de titel *Ammayennullora
Ten Mori*

> *Is er één andere naam*
> *tussen de ontelbare bestaande namen*
> *die gelijk is aan de honingzoete naam van Amma?*

> *Is er een ander rijk*
> *dan dat van Uw Liefde*
> *dat waardig is om een rustplaats*
> *voor al mijn gedachten te zijn?*

> *O Moeder, als U dit hulpeloze kind in de steek laat*
> *dat langs de oevers van de eenzame nachten dwaalt,*
> *dan zal de tuin van mijn geest*
> *gekweld worden door eindeloos verdriet.*

> *O Moeder, is er iemand behalve U mijn enige steun,*
> *die mijn diepste verdriet kent?*
> *Als wij, die U aanbidden*
> *een verachtelijke groep zouden worden,*
> *wat zou dan het nut zijn*
> *van het mediteren op Uw Lotusvoeten?*

> *O gezegend, oneindig Licht,*
> *liefkoos me alstublieft*
> *met het kleinste zweempje van Uw blik.*
> *Als U dat doet, zal mijn geest*
> *door de heilige Rivier*
> *van nectarachtige Gelukzaligheid stromen.*

Hoofdstuk 11

Op een avond kon brahmachari Balu tijdens Devi Bhava niet zingen omdat hij pijn in zijn keel had. Dus zat hij in de tempel te mediteren en zijn mantra te herhalen, en vaak staarde hij gewoon naar Amma's stralende gezicht.

Saumya zat naast Amma en hielp Haar, wat ze bij elke Bhava *darshan* deed. In het begin waren Gayatri en Saumya de enige brahmacharini's die permanent in de ashram verbleven. Daarvoor, in de begintijd, toen de Krishna en Devi Bhava voor het eerst plaatsvonden, waren het de plaatselijke vrouwelijke volgelingen die Amma tijdens elke Bhava *darshan* hielpen. Toen Gayatri begin 1980 zich permanent vestigde, begon zij voor Amma's persoonlijke behoeften te zorgen en ze begon Amma ook te helpen tijdens Haar Krishna Bhava en Devi Bhava. De taak om Moeder tijdens Bhava *darshan* te helpen werd later aan Saumya overgedragen toen ze eind 1982 een vaste bewoner werd.

Het was in die dagen een gewoonte van Amma om tijdens Devi Bhava een brahmachari aan Haar linkerzijde naast Haar te laten zitten. Dat waren erg kostbare momenten.

Nadat Amma een brahmachari had uitgenodigd om dicht bij Haar te zitten, bracht Ze gewoonlijk wat sandelpasta tussen zijn wenkbrauwen aan. Deze aanraking had een wonderbaarlijke uitwerking op de ontvanger; het schiep een gevoel van zo'n enorme vrede dat hij spontaan in diepe meditatie verzonk. Daarom stortte Ze welbewust deze zegen over hen uit. De eerste groep brahmachari's was erg gelukkig om deze ervaring te mogen ontvangen. Wanneer één van hen door Amma geroepen werd om naast Haar te komen zitten, liet Ze hem soms met zijn hoofd in Haar schoot liggen. Terwijl hij daar met zijn hoofd in Amma's schoot lag, had hij wonderbaarlijke visioenen en andere spirituele ervaringen. Het werd natuurlijk als een groot voorrecht en een grote zegen beschouwd om naast Amma te mogen zitten tijdens Devi Bhava. Niet zelden gaf Amma deze zegen aan een gehuwde volgeling.

Omdat naast Amma mogen zitten tijdens Devi Bhava als een uiting van Haar bijzondere liefde werd beschouwd, wachtte elke brahmachari altijd met spanning af of Amma hem zou roepen. Bij elke Devi Bhava nodigde Amma slechts één van de zes of zeven brahmachari's die toen in de ashram woonden, uit om naast Haar te komen zitten. Op sommige dagen negeerde Ze de brahmachari's volledig en vroeg een gehuwde volgeling om naast Haar te komen zitten. Als de anderen beseften dat ze hun kans voor deze keer hadden gemist, werden ze bijzonder jaloers op de uitverkorene. Maar na verloop van tijd hield Amma op met deze gewoonte om iemand bij zich te roepen.

De herinneringen van die tijd liggen de brahmachari's nog vers en levendig in het geheugen. De diepe spontane meditaties die ze bij deze gelegenheden ervoeren waren ongekend. Soms nam Amma ook de tijd om vragen van degene die naast Haar zat te beantwoorden.

Dit was zo'n gezegende nacht voor Brahmachari Balu.

Op de veranda voor de tempel, werd met grote intensiteit *bhajans* gezongen. Brahmachari Pai zong *Oru Pidi Sneham*

Ik ben schimmen achternagelopen
omdat ik smachtte naar een beetje Liefde.
Maar wanneer de Liefde bijna binnen bereik was,
ontglipte die uit mijn hand.
O Moeder, hier ben ik weer dwalend,
O Moeder.

Mijn hart is gebroken,
getroffen door de geselende golven van verdriet.
O Moeder, waar moet deze geknakte ziel naar U zoeken?

Geeft U er niet om?
O Moeder, geeft U er niet om?

Daar ik voortdurend
de tranen van verdriet drink,
zal ik niet meer slapen.
O Moeder, ontferm U over mij
zodat ik weer kan ontwaken
en mezelf kan ontdekken aan Uw Lotusvoeten.

Balu zat tegen de muur op korte afstand van Amma. Hij staarde naar Amma's prachtige gezicht en dacht bij zichzelf: "Wat zou het toch prachtig zijn als Amma me nu zou roepen om dicht bij Haar te zitten." Plotseling keek Amma naar hem en nodigde hem glimlachend uit om bij Haar te komen zitten. Balu's geluk kende geen grenzen. De gedachte dat Amma zijn gebed zo snel had verhoord, maakte hem volledig open en ontvankelijk.

Zonder een ogenblik te verspillen ging Balu naar Amma en ging op de vloer naast Haar *pitham* zitten. Amma keek naar hem met een stralende glimlach en zei: "Amma wist dat jij een intens verlangen had om naast Haar te zitten." Balu vestigde zijn blik op Amma's gezicht en stortte stille tranen. Toen Amma dit zag, stroomde Haar mededogen voor Haar kind over en Zij liet dit blijken door Balu's hoofd teder in Haar schoot te leggen. Terwijl Zij zijn hoofd in Haar schoot hield, ging Ze door met *darshan* geven aan de volgelingen.

Vanaf de veranda van de tempel kon men Pai de sloka *Amritanandamayi Stavamanjari* horen reciteren als inleiding tot een lied:

Ik kniel voor U, Moeder,
Die de Essentie van Aum, het Oneindige bent,
het Eeuwige Bestaan-Kennis-Gelukzaligheid, het Absolute
dat straalt in de tempel van de harten van de Wijzen.

Die vreugde schenkt aan rechtschapen en standvastige
leerlingen ondergedompeld in meditatie.

Die hun vurige toewijding bijbrengt
die uit bewogen devotioneel gezang voortkomt.

De Moeder, die wordt vereerd
door hen die deugdzaam zijn.

Balu tilde zijn hoofd uit Amma's schoot en keek weer naar Amma's stralende gezicht. Terwijl Zij hem met een meedogende blik aankeek, vroeg Balu Haar: "Amma, ben ik in al Uw vorige incarnaties bij U geweest?"

Amma glimlachte en antwoordde: "Zoon, je bent altijd bij Amma geweest. Zoon, weet dat al degenen die nu bij Amma zijn, in al Haar vorige incarnaties bij Haar waren. Hoe zou je anders zo'n sterke en spontane band met Haar kunnen hebben?"

Vraag: "Amma, sommigen zeggen dat het de Goeroe is die de leerling kiest; anderen zeggen dat de leerling de Goeroe kiest. Wat is nu juist? Heeft U mij gekozen of heb ik U gekozen? Heeft U mij gevonden of heb ik U gevonden? Kunt U mij dat alstublieft uitleggen?"

Amma: "Zoon, als Amma je zou zeggen dat Zij jou heeft gekozen, zou je dat dan volledig en blindelings geloven, zonder enige twijfel? Nee, Amma denkt van niet. In je huidige toestand kun je het voor even geloven, maar het zou niet lang duren voordat de geest zijn bezwaren begint op te werpen. Hij zal de theorie van oorzaak en gevolg hanteren en als die denkwijze eenmaal wordt aangenomen, zul je beginnen te analyseren en denken: "Goed, dus Amma zei dat Zij mij gevonden heeft. Maar als Ze mij vond, moet het ergens een gevolg van zijn. Wat is dan de oorzaak? De oorzaak zou mijn *punya* (verdienste) of de *tapas* moeten zijn die ik heb verricht." Als je op deze manier denkt, sluipt het ego langzaam binnen.

Dit kan allemaal heel logisch zijn, maar de beste instelling voor je spirituele groei zou als volgt moeten klinken: "God heeft me gekozen. Mijn Meester heeft me gekozen. Ik was verloren en ik ben gevonden door mijn Meester, mijn Alles in alles."

Vraag: "Zal ik in dit leven Zelfrealisatie bereiken of zal ik hiervoor opnieuw geboren moeten worden?"

Amma: "Zoon, ben je in staat om voldoende krachtsinspanning te leveren om je geest en al je begeerten in dit leven te vernietigen? Amma zal altijd aan je zijde staan om je te leiden en om je hand vast te houden. Maar ben je in staat om zonder mankeren regelmatig je *sadhana* te doen, zoals Amma je opdraagt? Als je dat kunt doen, veronderstelt Amma dat je niet opnieuw geboren zult worden.

Zoon als je je spirituele oefeningen doet precies zoals Amma heeft geïnstrueerd, zul je binnen drie jaar zeker de toestand van Zelfrealisatie bereiken. Amma kan je dit verzekeren. Dan zal er van terugkeer geen sprake zijn. Maar de geest moet verdwijnen; het ego moet sterven. Zelfs als er een spoortje van de geest achterblijft dat niet uitgeschakeld is, zul je terug moeten komen."

Vraag: "Amma, ik ben niet bang om terug te komen. Ik wil alleen bij U zijn, zelfs als ik meerdere malen wedergeboren moet worden."

Amma: "Zoon, als je in dit leven werkelijk bij Amma bent, zul je zeker in al Haar toekomstige incarnaties bij Haar zijn. Daar is geen twijfel over mogelijk."

Vraag: "Amma, wat bedoelt U met 'als je werkelijk bij Amma bent'? Ben ik nu dan niet bij U?"

Amma: "Onvoorwaardelijke gehoorzaamheid aan Amma is wat het betekent om 'werkelijk bij Haar te zijn'. In Amma's fysieke aanwezigheid zijn zonder je bewust te zijn van de spirituele beginselen waar Zij voor staat, is niet werkelijk bij Haar zijn, het is Haar vergeten. Echte herinnering van Amma betekent Haar woorden gehoorzamen en het spirituele belang van deze woorden inzien en ze in praktijk brengen. In de nabijheid van een *Mahatma* verblijven zal echter vanzelf een zuivering veroorzaken."

Balu keek op naar Amma en zei: "Amma, een laatste gebed. Zegen me zodat ik altijd in Uw goddelijke aanwezigheid mag zijn."

Amma doopte Haar wijsvinger in een klein schaaltje met sandelpasta. Zij plaatste toen Haar wijsvinger tussen Balu's wenkbrauwen en Balu voelde zich ongelooflijk gelukzalig. Hij sloot zijn ogen en terwijl Amma Haar vinger op zijn derde oog gedrukt hield, verzonk hij in diepe meditatie.

De brahmachari's zongen een lied met de titel *Brahmanda Pakshikal*

> *O Moeder,*
> *U bent de glorieuze Boom van Kennis.*
> *De melkwegstelsels vliegen naar U als een vlucht vogels.*
> *Laat mij groeien in Uw schaduw*
> *totdat ik U bereik door de kennis van mijn Zelf.*

> *O Moeder van de Hoogste Kracht,*
> *ik aanbid U*
> *wetende dat de blauwe lucht Uw hoofd is,*
> *dat de aarde Uw voeten zijn*
> *en dat het hele luchtruim Uw lichaam is.*

> *O Moeder, die in alle religies wordt verheerlijkt,*
> *die de Essentie van de vier Veda's is*
> *en het Verblijf is waarin alle namen en vormen*
> *uiteindelijk oplossen,*
> *ik buig voor U in alle nederigheid.*

Aan het einde van Devi Bhava riep Amma de melaatse Dattan bij Zich om *darshan* te ontvangen. Het was erg ontroerend en tegelijkertijd boezemde het ontzag in om te zien hoe Amma voor hem zorgde. Aan hem werd veel meer tijd en aandacht besteed dan aan wie ook.

Dattan kwam bij Amma en lag diep nederig aan Haar voeten. Amma hielp hem overeind en legde zijn hoofd in Haar schoot. Na enige tijd tilde Ze teder zijn hoofd op en hield hem tegen Haar schouder. Toen begon Ze zijn etterende wonden met Haar tong te likken. Zo'n extreme vorm van mededogen kan men zich nauwelijks voorstellen. Voor degenen die er getuige van waren, was het zeer schokkend en zeer aangrijpend. Een volgeling die in de tempel stond, viel bij het zien ervan flauw en moest naar buiten worden gedragen. Amma vroeg toen aan de andere volgelingen om de tempel te verlaten. Wat Ze daarna deed was verbazingwekkend. Ze liet Dattan zijn hoofd naar beneden buigen en terwijl Zij zijn hoofd in Haar handen hield, beet Ze in een diep besmette wond op zijn voorhoofd. Nadat Ze het bloed en de pus eruit had gezogen, spuwde Ze het in een kom die brahmacharini Saumya naast Haar klaar hield. Nadat Ze dit nog een aantal malen had gedaan, nam Ze heilige as en wreef het over het melaatse lichaam. Amma knuffelde hem nogmaals heel liefdevol en daarna liep Ze naar de openstaande deuren van de tempel en begon bloemblaadjes over de volgelingen uit te strooien, wat het einde van Devi Bhava betekende. Hier moet ook nog worden vermeld dat Dattan volledig genas. Zijn enige medicijn was Amma's speeksel. Al zijn wonden verdwenen en alleen de littekens bleven op zijn lichaam achter.

Hoofdstuk 12

Niet mijn recht maar Zijn genade

Het was de dag na Devi Bhava en daarom was het minder druk in de ashram. Balu, Venu, Ramakrishnan, Rao, Srikumar en Pai[10] zaten naast Amma die zojuist uit Haar kamer was gekomen en voor de meditatiezaal zat. Balu nam de gelegenheid om een vraag te stellen: "Amma, toen ik de afgelopen nacht tijdens Devi Bhava aan U vroeg of het de leerling is die de Meester kiest of de Meester die de leerling kiest, gaf U als antwoord dat het voor de spirituele groei van de leerling altijd goed is om de houding te hebben van "God heeft mij gekozen" of "mijn Meester heeft me gekozen." Kunt U ons iets meer over die houding vertellen?"

Amma: "Zoon, als je denkt dat jij de Meester hebt gekozen, zal het je egoïstisch maken. Je kunt geen Meester kiezen tenzij Hij wil dat je dat doet. Het zou verwaand zijn om te denken: 'Ik heb mijn Meester gekozen'. Dan zou je hem ook kunnen verlaten wanneer je dat maar wenst. Maar hoe zou je ooit een Meester kunnen kiezen die jouw begrip volledig te boven gaat? Voordat je iets kiest of iets verwerpt, probeer je erachter te komen of het goed of slecht voor je is. Als het goed is, kies je het, anders doe je dat niet. Je kunt het ook een tijdje gebruiken en je ervan ontdoen wanneer je dat wenst. Die vorm van kiezen brengt veel denken met zich mee. Maar wanneer een leerling op het eerste gezicht hopeloos verliefd op de Meester wordt, is daar geen denkproces bij betrokken. De spirituele aantrekkingskracht van de Meester is zo

---

[10] Balu heet tegenwoordig Swami Amritaswarupananda, Venu is Swami Pranavamritananda, Ramakrishnan is Swami Ramakrishananda, Rao is Swami Amritatmananda, Srikumar is Swami Purnamritananda, Pai is Swami Amritamayananda.

sterk dat hij Zijn leerling wordt. Het denken is een belemmering voor ware liefde en overgave.

De Meester is echter niet een ding, noch is hij een beperkt persoon. De ware Meester is jouw eigen Zelf, het Zelf van alles. Hij is de oneindigheid.

Hoe kan een rivier de oceaan kiezen? Hij stroomt machteloos naar de oceaan. Alle rivieren zijn zo: ze worden naar de oceaan meegesleept en ze vloeien ermee samen. De aantrekkingskracht van de oceaan is zo oneindig krachtig dat de rivieren gewoon in die richting moeten stromen.

Evenzo ben jij machteloos als je naar de hoogste Meester wordt getrokken. Zijn oneindige kracht trekt je aan en zodoende stroom je naar Hem toe. De kracht van de Meester sluit elke keuze van jouw kant uit. De kracht is alleen van Hem. Het is Zijn Genade waaraan voor jou geen enkele eer te behalen is.

Jij bent slechts een heel klein stukje ijzervijlsel dat hulpeloos door de almachtige magneet van de spirituele heerlijkheid van de Meester wordt aangetrokken. Het ijzervijlsel heeft geen keus. Als het eenmaal binnen de magnetische kracht van de magneet komt, kan het niet kiezen of wel of niet zal gaan. Aangezien de magneet het aantrekt, moet het gewoon in die richting gaan. Evenzo word jij machteloos naar de hoogste Meester getrokken. Je hebt geen keus, het gebeurt gewoon.

De Meester trekt je uit het slijk en verheft je tot dezelfde toestand waarin Hij zelf voortdurend verblijft. Daarom is de juiste houding om te denken: "Ik heb Hem niet gekozen. Hij heeft mij gekozen." Maar er schuilt ook een gevaar in de gedachte dat je door jouw Meester bent gekozen, omdat je dan langzamerhand begint te denken: "Ik ben de uitverkorene. Dus ik moet op de een of andere manier bijzonder zijn." Dit is ook gevaarlijk omdat je met zo'n instelling gemakkelijk het aandeel vergeet dat de Zegen van de Meester in dit alles speelt. Je kunt denken dat het je absolute recht is om zijn leerling te zijn omdat je Meester je wilt hebben en dit kan gemakkelijk je ego laten toenemen. Het ego van een spiritueel iemand is veel subtieler dan dat van iemand die een werelds leven leidt.

Het is veel beter als je denkt: "Het is alleen maar dankzij de Zegen van mijn Meester dat ik hier bij Hem ben. Het is niet mijn recht. Het is Zijn geschenk. Het was de Meester die me heeft gevonden. Ik was nutteloos, ik was helemaal verloren en zonder hoop, maar dankzij Zijn Genade en mededogen ben ik nu hier. Ik verdien niets, maar toch zegent Hij mij met Zijn goddelijke Genade." Deze houding maakt je nederig en is erg nuttig om je ego uit te roeien. Het belangrijkste is om dit altijd te beseffen. Omdat de geest en de aantrekkingskracht van de *vasana's* erg sterk zijn, is het gemakkelijk aan hen ten prooi te vallen en de Genade van de Meester te vergeten. Nederig worden is het doel van het spirituele leven. Nederigheid is de enige weg naar God. Als je daarentegen voelt dat je door je Meester bent gekozen, kun je spoedig gaan denken: "Er zijn zoveel mensen op de wereld en toch kiest de Meester *mij*. Ik moet in mijn vorige leven veel verdiensten of spirituele kracht hebben verworven. Daarom koos Hij mij en niemand anders. Niemand, behalve ik, is in staat om het werk in deze wereld te doen wat ik nu doe. Hij wilde mij en daarom ben ik hier."

Zulke gedachten kunnen je overweldigen en spoedig word je erger dan iemand anders. Je zult dan een geweldig ego hebben en dat is gevaarlijk. Zo'n houding maakt dat je jezelf erg belangrijk vindt. Je persoonlijkheid zal door je ego worden misvormd. Een ware volgeling of leerling zal heel nederig zijn en daarom zal hij een ook zekere spirituele schoonheid bezitten. De schoonheid van spiritualiteit zit in nederigheid.

De Meester kiest je om je te redden. Het feit dat Hij je heeft gekozen, moet je als een geschenk beschouwen dat je eigenlijk niet verdient. Het is niet jouw recht, het is Zijn genade en Zijn zegen. Als je deze houding niet hebt, zal het ego, zonder dat je er erg in hebt, naar binnen sluipen.

Men zou de nederigheid moeten hebben om te denken: 'Ik ben niets. U bent alles'. Alleen als je voelt dat je niets bent, zul je alles worden. Als je voelt dat je iets bent, zul je niets zijn."

Pas op voor het subtiele ego

Vraag: "Amma, U vertelde dat het ego van een spiritueel iemand erg subtiel is en dat het ons zelfs terug naar de wereld kan brengen. Zou U dit uit kunnen leggen?"

Amma: "Kinderen, alleen al de gedachte 'Ik ben spiritueel, ik ben spiritueel gevorderd' of 'Ik ben een renunciate' kan een groot struikelblok zijn in je spirituele ontwikkeling. Zulke gedachten zijn ook deel van het ego, maar van een meer subtielere vorm dan het ego. Je zou kunnen denken: 'Ik ben geweldig, omdat ik alles heb verzaakt. Kijk eens naar al die wereldse mensen die nog steeds ondergedompeld zijn in het moeras van het materialisme. Ze zijn zo onwetend!' Je zou kunnen denken dat degenen die in de wereld leven ver onder je staan. Als je zulke gedachten koestert, toont het alleen maar aan dat je geestelijk onvolwassen bent. Het betekent dat je onwetend bent. Degenen die in de wereld leven mogen dan onwetend zijn, maar zij bevinden zich niet op het spirituele pad. Maar jij wordt verondersteld op het spirituele pad te zijn en toch ben je nog spiritueel onwetend. Zulke gedachten komen van het ego en moeten met wortel en al verwijderd worden. Als je onder leiding van een ware Meester staat, kun je dit soort trots niet voelen. De Meester zal onmiddellijk je trots opmerken en het met wortel en al uitroeien. Een subtiel ego is veel krachtiger en moeilijker te vernietigen.

Een werelds iemand is trots op zijn prestaties in het leven en loopt er graag mee te koop. Zijn ego wordt geboren uit zijn gehechtheid aan de objecten van de uiterlijke wereld. Hij heeft een groot en mooi huis waar hij aan gehecht is en waar hij erg trots op is. Het huis is een uitstekende voedingsbodem voor zijn ego. Hij is ook trots op zijn macht, rijkdom en reputatie, en soms loopt hij er flink mee te koop. Je kunt het ervaren als je in zijn aanwezigheid bent, zelfs de manier van lopen en spreken heeft een zekere trots in zich. Hoe rijker en machtiger je bent, hoe groter je ego is. Of je nu rijk of arm bent, het verschil in ego zit hem slechts in gradatie.

Hoe meer gedachten je hebt, hoe groter je ego is. Daarom zijn geleerden, denkers en sprekers vaak egoïstischer dan anderen. Mensen die een hoge positie in de samenleving genieten, zijn vaak erg egoïstisch, tenzij zij een houding van overgave hebben. Zij zijn gewend om door het publiek geprezen te worden voor het uitzonderlijke werk dat ze doen. Gewoonlijk ben je ook egoïstischer naarmate je bekender bent, omdat het ego door al die waardering groeit. Dit overkomt veel mensen die succesvol zijn in de wereld. In zulke mensen is het ego overduidelijk aanwezig; je herkent het aan hun spreken en aan hun handelingen. Ze kunnen het niet verbergen; hun ego is zo groot dat ze het nergens kunnen verbergen. Maar er zijn ook mensen die geroemd en gewaardeerd worden en toch nederig zijn. Dit zijn zeldzame uitzonderingen.

Het is erg natuurlijk voor mensen die een materialistisch leven leiden om egoïstisch te zijn. Het is hun te vergeven omdat ze geen juist spiritueel begrip hebben. Dit is niet het geval met spirituele mensen die hun leven alleen aan dat doel gewijd hebben. Het moet hun levenshouding zijn. Ze horen nederig en zonder ego te zijn.

Helaas kan het voorkomen dat een spiritueel persoon leert hoe hij zijn ego moet verbergen, en pretendeert erg nederig te zijn. Hij probeert zijn ego niet te tonen, omdat hij weet dat het naar buiten uitdrukken ervan voor een spirituele zoeker onjuist is. Hij weet dat men dat niet zou waarderen. Zo gaat dat ook in de wereld, maar er is een verschil. Als je eenmaal in de wereld op een bepaald gebied als deskundige wordt gezien, heeft het land je nodig en kun je je het veroorloven om egoïstisch te zijn. Je kunt je egoïstisch uiten en gedragen, maar vanwege je deskundigheid voel je je zeker. Je werkgevers of degenen die je hebben aangesteld, kunnen je er niet gewoon uitgooien, tenzij ze een hele goede plaatsvervanger hebben. Maar in het spirituele leven is dit niet zo. Je spirituele vooruitgang is te herkennen aan de nederigheid, egoloosheid en wijsheid die je uitdrukt.

Als een zogenaamd spirituele persoon zich op een zeer ego-istische manier gedraagt, zal hij niet door de mensen worden gerespecteerd. Hij zal binnen de spirituele gemeenschap een slechte reputatie krijgen. Als je dit weet, zul je leren je boosheid en alle andere negatieve neigingen te onderdrukken en je handelt en gedraagt je als een gerijpt spiritueel persoon. Dit wordt veel te geestelijk en subtiel. Zo lang je het naar buiten uitdrukt, bestaat het op het grove niveau. Maar als je het innerlijk bewust verbergt en je uiterlijk anders gedraagt, wordt het subtiel en erg gevaarlijk.

Je kunt je ego naar buiten uitdrukken. Dat kan ook schade-lijk zijn, maar in mindere mate omdat de mensen tenminste niet worden misleid. Ze zullen zich realiseren dat je egoïstisch bent en zullen gewaarschuwd zijn dat je veel boosheid, haat en andere negatieve gevoelens in je kunt hebben. Als het nodig is, kunnen ze voor jou op hun hoede zijn en enige afstand bewaren. Maar wat als je leert om bekwaam je ego te verbergen en pretendeert een yogi te zijn? De mensen zouden dan ernstig misleid worden en dit zou gelijk staan met echt bedriegen. Maar dit soort schijnhei-ligheid kan niet lang duren. Het kan niet lang verborgen worden gehouden, omdat je ego zich spoedig blootgeeft. Wat innerlijk wordt verborgen, komt vroeg of laat naar buiten, hoezeer men ook probeert het anders te doen. Het is slechts een kwestie van tijd.

Het lijkt op een schoonmoeder met haar schoondochter[11] die pas in is komen wonen. Ze zal in het begin de vrouw van haar zoon veel liefde en aandacht geven. Ze zal niet toestaan dat haar schoondochter in de keuken werkt of het huis schoonmaakt of buiten werkt, alsof ze een kostbare steen is die zou slijten als hij te veel gebruikt wordt. Men kan de schoonmoeder horen zeggen: 'Mijn dochter, denk zelfs niet aan dat soort zaken! Er zijn vele anderen in huis die het werk kunnen doen. Ga lekker zitten en ontspan je'. Als de vrouw van de oudste zoon haar schoonmoeder tegen de nieuwkomer dit soort dingen hoort zeggen, moet ze inwendig lachen, want ze weet uit ervaring dat dit allemaal komedie is; ze weet dat haar schoonmoeder spoedig haar ware natuur zal laten zien. En dit is precies wat er gebeurt. Binnen een week of twee kun je de schoonmoeder, die tot nu toe zo lief en zorgzaam voor haar nieuwe schoondochter was, tegen haar horen schreeuwen: 'Jij luie meid! Denk jij dat je de baas bent in dit huis? Wij zijn je bedienden niet! Ga de keuken schoonmaken!' Dit soort zaken is niet ongewoon in Indiase gezinnen. Maar soms is het omgekeerd wanneer het gezin het slachtoffer wordt van de schoondochter. De eerste weken zal ze erg zachtaardig en lief zijn, maar het duurt niet lang voor haar ware natuur naar boven komt.

Dit is wat er gebeurt met mensen die hun ego verbergen om mensen voor zich te winnen en ze onder controle te krijgen. Ze kunnen erin slagen om hun ego een tijdje te verbergen, maar spoedig zal het zich openbaren. Hun ware natuur zal zich uit eigen beweging uitdrukken.

Iemand die het valse masker van een spiritueel gevorderd persoon draagt, weet niet wat voor verschrikkelijk kwaad hij

---

[11] In India is het de gewoonte dat een jong getrouwd stel bij de familie van de echtgenoot gaat wonen.

aanricht. Hij misleidt anderen en plaveit ook het pad voor zijn eigen ondergang. Een aantal oprechte mensen kunnen in zijn misleiding verstrikt raken. Als ze eenmaal beseffen dat ze zijn misleid, zullen ze hun vertrouwen verliezen. Vanaf dat moment zullen ze achterdochtig zijn tegen alles wat iets met spiritualiteit te maken heeft. Ze zullen zelfs jegens echte Meesters achterdochtig zijn. Denk aan het enorme kwaad dat deze zogenaamde spirituele leiders voor de maatschappij en de mensheid aanrichten. Het ego van zo'n iemand is erg subtiel en het is moeilijk om ervan af te komen. Hij gelooft dat hij fantastisch is. Dit komt natuurlijk doordat hij trots is op de grote menigten die naar zijn toespraken luisteren en de lof die de mensen hem toezwaaien. Mensen zeggen tegen hem: "U bent zo geweldig en zo kundig. Wat bent U een welbespraakte spreker! U bent zo'n persoonlijkheid!" Door al deze loftuitingen en aanbidding zal hij gaan denken dat hij geweldig is. Deze gedacht zal steeds dieper tot hem doordringen en naarmate hij dieper wordt, wordt hij ook subtieler. Hij leert hoe hij het kan verbergen en pretendeert dat hij geweldig is. Maar het zal niet lang duren totdat wat innerlijk verborgen ligt naar buiten zal komen. Zulke mensen worden door anderen gemakkelijk voor de gek gehouden en soms gedragen ze zich als een gek.

Amma die dronken is van gelukzaligheid

Het was bewolkt weer. Het leek erop dat het zou gaan regenen. Het geluid van de oceaangolven werd steeds luider en er stond een krachtige koele wind. Amma keek naar de hemel en opeens raakte Ze diep verzonken in een spirituele toestand. Hoewel het pas half twaalf in de morgen was, leek het wel of de nacht naderde. Weldra begon het te motregenen. Brahmacharini Gayatri kwam uit Amma's kamer met een paraplu en hield die boven Amma's hoofd. De bewoners bleven onbeweeglijk stil in de regen naast

Amma zitten. Binnen een mum van tijd begon het te stortregenen. Maar Amma bleef op dezelfde plek zitten en Haar blik was nog steeds naar de hemel gericht.

Na een paar minuten stond Amma op en wandelde in de regen en Ze begon als een kind te spelen. Ze sprong rond en danste in cirkels. Soms hield Ze even op om in de stromende regen naar de hemel te kijken. Ze stond met Haar armen uitgestrekt en Haar open handen naar boven geopend alsof Ze probeerde de regendruppels met Haar handen te vangen. Alle bewoners stonden een paar meter verderop naar het mooie schouwspel te kijken.

Amma was nu helemaal doorweekt. Gayatri stond hulpeloos naast Haar met de dicht geklapte paraplu in haar handen. Plotseling vouwde Amma Haar handen boven Haar hoofd samen en draaide rond in een cirkel. Terwijl Ze dat deed, reciteerde Ze het volgende vers:

Anandam Saccitanandam
Anandam Paramanandam
Anandam Saccitanandam
Anandam Brahmanandam

De Gelukzaligheid van Zuiver Bestaan en Bewustzijn
De Gelukzaligheid van de Hoogste Gelukzaligheid
De Gelukzaligheid van Zuiver Bestaan en Bewustzijn
De Gelukzaligheid van het Absolute en Onverdeelde
Gelukzaligheid

Toen het lied over was, bleef Amma nog lang in het rond draaien. Haar handen waren nog boven Haar hoofd samengevouwen en Haar ogen gesloten. Er was geen enkel teken dat Zij nog enig lichaamsbewustzijn had. Zij was naar een andere extatische wereld gereisd. Haar gezicht was stralend en bekoorlijk. Ze had een mooie goddelijke glimlach op Haar lippen en terwijl Ze bleef dansen, druppelde het regenwater door Haar zwarte golvende haar en stroomde over Haar wangen.

Niemand wist wat hij moest doen. Iemand stelde voor om Haar naar binnen te dragen. Maar brahmachari Nealu vond dat ze Amma niet moesten aanraken zolang Ze in die gelukzalige toestand verkeerde. Terwijl ze onder elkaar bespraken wat ze moesten doen, stopte Amma langzaam Haar dans en ging op de grond liggen, die inmiddels in een modderpoel was veranderd. Toen Ze daar bewegingsloos in de regen lag, straalde de spirituele gloed van Haar gezicht.

Het bleef maar hevig stortregenen en de bewoners begonnen zich meer zorgen te maken. Brahmacharini Gayatri, die naast Amma op de doorweekte grond zat en Haar met de paraplu probeerde te beschermen, stond erop om Amma naar binnen te dragen. Ten slotte stemde iedereen ermee in en werd het gedaan zoals zij aangaf.

Zodra Amma in Haar kamer was gebracht, vroeg Gayatri iedereen weg te gaan zodat zij Amma's natte kleren uit kon doen. Iedereen vertrok onmiddellijk en de deur werd gesloten. Amma bleef nog lange tijd in de toestand van *samadhi*.

Wat kan men zeggen over zo'n mysterieuze persoonlijkheid, die op het ene moment de grote Meester is en het volgende moment een onschuldig kind en die dan weer een paar seconden later naar de hoogste toestand van *samadhi* overgaat?

Door onafgebroken in Brahman op te gaan, bevrijd van het gevoel
van de werkelijkheid van uiterlijke objecten, alleen schijnbaar
ervan genietend als ze door anderen worden aangeboden, als
een slaperig iemand of een baby, de wereld waarnemend als iets
in een droom en die slechts nu en dan herkennend, zo'n man
is inderdaad zeldzaam. Hij is de genieter van de vruchten van
onnoemelijke verdienste en is waarlijk gezegend en geëerd op aarde.

Vivekachudamani

Hoofdstuk 13

Goddelijkheid kan niet worden geleend –
Het verhaal van Paundra Vasudeva

Vandaag zat Amma in de kleine kamer die dienst doet als bibliotheek. De vraag over de subtiliteit van het spirituele ego werd weer naar voren gebracht. Een brahmachari vroeg: "Amma, toen U gisteren over de subtiliteit van het ego van een spiritueel persoon sprak, zei U dat zulke mensen zich soms zelfs als een dwaas gedragen. Hoe kunnen ze tot zulke extremen komen?"

Amma: "Kinderen, waarom niet? Wanneer mensen worden meegesleept door hun verlangen om beroemd te worden en door anderen bewonderd te worden, gedragen ze zich soms dwaas, want als de geest door iets bezeten wordt, verlies je je onderscheidingsvermogen. De geest verliest zijn helderheid en je wordt een gemakkelijk werktuig in andermans handen. In je verlangen dat je voor je grootheid erkend wordt, dat mensen je bewonderen en je roem bezingen, verlies je het vermogen om je spontaan uit te drukken en je gedrag wordt onnatuurlijk. Je kunt gaan geloven dat wat anderen over je zeggen waar is en je niet als groot beschouwd zult worden tenzij je je op een bepaalde manier gedraagt. En zo ga je je uiteindelijk dwaas gedragen. Wanneer je zo gefascineerd bent door de bewondering die anderen voor je hebben, zal zelfs een heel goed advies van iemand anders nergens toe dienen, omdat je niet in staat bent om de waarheid te zien.

Kinderen, kennen jullie het verhaal van Paundra Vasudeva, die voorgaf dat hij Krishna was? Paundra Vasudeva was de koning van het land Karurusha in de tijd dat Krishna over Dwaraka regeerde. Paundra was te gehecht aan zijn functie als koning en hij had een diep verlangen om door zijn onderdanen te worden vereerd. Zowel hij als de koning van Kashi waren tegenstanders van Sri Krishna; ze waren jaloers op Krishna's roem en de manier waarop men Hem vereerde en aanbad. In zijn intens verlangen naar roem en erkenning smeedde Paundra met de koning van Kashi een complot tegen de Heer. Ze maakten in het openbaar bekend dat de Krishna die in Dwaraka woonde bedrog was, en dat Hij niet de werkelijke incarnatie van Heer Vishnu was. Ze verklaarden verder dat de echte Krishna, de werkelijke incarnatie van Vishnu, niemand anders dan Paundra zelf was.

Toen de mensen dit hoorden, zeiden ze dat hun koning Paundra de goddelijke tekens, namelijk de schelphoorn, discus, scepter en lotusbloem in zijn vier heilige handen moest houden, als hij de werkelijke incarnatie van Heer Vishnu was. Hierop bevestigde Paundra, die toen echt was gaan geloven dat hij Heer Vishnu was, bij bepaalde gelegenheden twee houten armen aan zijn schouders, zodat hij vier armen leek te hebben, zoals de Heer. Hij zorgde er ook voor dat hij replica's van de vier heilige tekens droeg. Paundra werd zo ver meegesleept dat hij zelfs een van hout gemaakte Garuda had[12]. Helaas kon de houten adelaar niet vliegen; in plaats daarvan werd hij boven op de koninklijke strijdwagen geplaatst. Paundra droeg zijn vrouw op om zich als de godin Lakshmi te kleden en de twee trokken door de stad en zegenden de mensen vanaf de hoge zitplaats boven op de houten Garuda. Iedereen in het land moest lachen om Paundra. Veel mensen dachten klaarblijkelijk dat hij gek was geworden.

Die onderdanen van Paundra die Heer Krishna bewonderden, waren verbolgen over deze schaamteloze uitingen van zelfverheerlijking van hun koning, maar ze durfden niets tegen hem te zeggen. In plaats daarvan bespotte ze hem door luide

---

[12] De goddelijke adelaar Garuda is de *vahana* (het voertuig) dat Heer Vishnu berijdt.

opmerkingen tegen hem te maken toen ze hem op straat boven op zijn merkwaardige strijdwagen zagen. Ze zeiden: "Onze koning lijkt echt op Krishna! Hij moet een kroon met daarin een pauwenveer gestoken dragen en een fluit in zijn mooie handen houden. En denk je in hoe bekoorlijk het zou zijn als zijn lichaam een donker blauwe kleur had! In feite zou hij om alle goddelijke wapens moeten vragen die de nepKrishna in Dwaraka draagt. Die Krishna heeft geen recht op die wapens. Per slot van rekening zijn ze niet van Hem. De werkelijke eigenaar is onze eigen koning, de grote Paunda Vasudeva".

Steeds wanneer Paundra eropuit trok, kreeg hij met zulke opmerkingen te maken. Zelfs de mensen in zijn directe omgeving, de koninklijke familie en al zijn hovelingen, begonnen deze opmerkingen te maken. De koning werd zo meegesleept door wat hij hoorde, dat hij zijn lichaam blauw schilderde en zich als Sri Krishna ging kleden. Hij liep rond in een exacte replica van Krishna's kostuum en hield een fluit in zijn handen, ook al wist hij niet hoe hij op de fluit moest spelen. En geleidelijk begon hij te geloven dat hij werkelijk Vishnu of Krishna was. Soms was hij Vishnu, andere keren Krishna.

Maar het drama was nog niet voorbij. Omdat hij de opmerkingen van zijn onderdanen als een overduidelijke waarheid beschouwde, wilde hij ook alle goddelijke wapens van Sri Krishna in bezit krijgen. Dus zond hij een boodschapper naar Dwaraka met het bericht: "Koeienherder, Jij bent slechts een bedrieger. Draag alle goddelijke wapens over, inclusief de goddelijke discus die rechtmatig mij toekomt, de werkelijke Krishna, de werkelijke incarnatie van Heer Vishnu. Of wees voorbereid om op het slagveld te sterven."

Toen Krishna de boodschap ontving, zei Hij: "Heel goed. Maar ik wil de wapens persoonlijk overhandigen. Vraag Paundra om te komen en ze in ontvangst te nemen". Sri Krishna wilde de overmoedige koning een lesje leren.

Paundra kwam op de afgesproken plaats aan, vergezeld van zijn leger, om zo nodig te vechten. Hij was gekleed in het kostuum van Heer Vishnu. Toen Paundra en zijn leger arriveerde, stond Sri Krishna hem al op te wachten. Zodra Paundra Krishna zag, riep hij met luide stem: "Jij bedrieger! Probeer geen spelletjes met me te spelen! Draag de heilige wapens en de discus over of wees voorbereid om te sterven!" In de veldslag die volgde vernietigde Sri Krishna het hele leger van Paundra. Toen het allemaal voorbij was, stond Sri Krishna daar met de heilige discus die Hij met zijn wijsvinger vasthield. Met een ondeugende glimlach zei Hij: "Paundra, Ik ben alleen maar gekomen om jou dit wapen te geven. Hier komt het! Neem het, het is van jou!" Met deze woorden liet Krishna de heilige discus uit Zijn vinger los. Je kunt je voorstellen wat er gebeurde. De discus sneed door Paundra's nek en hij viel dood op de grond. Dus de dwaze gehechtheid van de koning aan roem en zelfverheerlijking werd vernietigd door Sri Krishna, de Volmaakte Meester, en hij werd bevrijd van het zelf geschapen ego."

Vraag: "Betekent dit dat alleen een Volmaakte Meester, die de geest en het ego te boven gaat, iemand uit de greep van het subtiele ego kan redden?"

Amma: "Dat is juist. Een buitengewoon krachtig wapen als de goddelijke discus is nodig om door het subtiele ego heen te dringen. Maar dit wapen staat alleen onder de controle van een Volmaakte Meester. Het is het wapen van de ware kennis, het wapen van de alwetendheid, de almacht en de alomtegenwoordigheid van de Meester.

Iemand die een ziekelijke hunkering naar roem, macht en gezag heeft, zal in de wereld alles naar zich toe willen trekken. Hij zal zo dwaas worden dat hij zelfs kan verklaren: "Ik ben de grootste en daarom heb ik overal recht op." Hij zal al zijn onderscheidingsvermogen verliezen en helemaal door zijn gedachten aan macht en zelfverheerlijking verduisterd worden.

Mensen die op zo'n manier verblind worden, vergeten waarschijnlijk God. In hun dwaze jacht op de eerbied en bewondering van anderen, dagen ze soms God uit. Maar als zij dit doen, betekent dit ook dat ze op het punt staan ontmaskerd te worden.

Goddelijkheid kan niet worden geleend of geïmiteerd. Goddelijke liefde en andere goddelijke eigenschappen kunnen niet worden geïmiteerd."

Hoofdstuk 14

Deze nacht was er een grote feestelijke gebeurtenis. Het was *Tiruvatira*, een bijzonder feest dat in heel Kerala wordt gevierd. In India worden Heer Shiva en de Godin Parvati als de Universele Vader en de Moeder beschouwd. Op de dag van *Tiruvatira* leggen de gehuwde vrouwen een gelofte af om te vasten en zij bidden voor het welzijn van hun echtgenoot. Het is ook een onderdeel van de traditie die nacht wakker te blijven, om te bidden en de heerlijkheid van Shiva en Parvati te bezingen.

Een groep oudere vrouwen uit het dorp en enkele vrouwen die in de ashram verbleven, stonden in een kring voor de tempel. Ze stonden op het punt de viering te beginnen met de *Tiruvatirakali*, een oude traditionele volksdans die door de vrouwen van Kerala uitgevoerd wordt.

Alle ashrambewoners zaten voor de tempel. Amma zat met zo'n twaalf kinderen om Zich heen onder de mailanchyboom. Sommige kinderen kwamen uit de omgeving, anderen waren kinderen van volgelingen. Amma was in een speelse stemming; men kon Haar gelach en het luide gepraat horen. Iedereen had meer oog voor wat Amma deed dan voor het dansen. Maar hoewel alle ogen op Haar gericht waren, bleef iedereen onwillekeurig op een afstand om niet te dichtbij te komen en zo het mooie beeld van Amma en de kinderen te verstoren.

De oudere vrouwen begonnen nu het traditionele zingen en dansen. Ze zongen *Thirukathakal Padam.*

> *O Godin Durga, O Kali*
> *neem mijn slechte lot weg.*
> *Elke dag bid ik*
> *om een visioen van Uw vorm te krijgen.*

Laat mij Uw heilige daden bezingen en prijzen.
Geef mij alstublieft een gunst
en als ik Uw glorie bezing,
kom dan alstublieft in mijn hart.

O Essentie van de Veda's
Ik ken de methoden van meditatie niet,
en mijn muziek mist een melodie.
Wees mij genadig.
Laat mij in gelukzaligheid verzinken.

U bent Gayatri,
U bent faam en bevrijding
Kartyayani, Haimavati en Kakshayani [13]
U bent de uiteindelijke ziel van Realisatie,
mijn enige toevlucht.

O Devi, geef mij de kracht om te spreken
over de wezenlijke ideeën.
Ik begrijp dat zonder U,
die de belichaming van het Universum bent,
Shiva, het oorzakelijk Principe,
niet meer zou bestaan.

Dit is Dat

Het lied bereikte een heel hoog tempo. Op dat moment stond
Amma op van de plaats, waar Ze met de kinderen had gezeten,
en liep naar de dansende vrouwen. Ze leek erg opgewonden en
tegelijkertijd door het goddelijke bedwelmd te zijn toen Ze aan
de dans deelnam. Er stond een onschuldige uitdrukking op Haar

---

[13] Namen van Devi.

174

gezicht, die Haar tussen de dansende vrouwen op een goddelijk kind deed lijken. De vrouwen waren dolblij om Amma dansend in hun midden te hebben.

Op een bepaald moment van de dans vormden twee vrouwen die tegenover elkaar stonden, een paar en klapten hun open handen tegen elkaar. Amma die in een andere wereld vertoefde, danste nog steeds op Haar eigen gelukzalige manier. Haar ogen waren gesloten en beide handen hield Ze in goddelijke *mudra's*. Nadat Amma een tijdje met de vrouwen in kringen had gedanst, ging Ze naar het midden van de dans. Hier bleef Ze op een gelukzalige manier doordansen, terwijl de volgelingen een lied zongen dat de Godin Parvati verheerlijkte.

Na een tijdje hield Amma op met dansen en bleef staan. Haar uiterlijke vorm en Haar gezicht straalden een goddelijke gloed uit. Ze zag er precies hetzelfde uit als bij Devi Bhava. Het was duidelijk dat Ze nog steeds in Haar goddelijke stemming geabsorbeerd was. De volgelingen bleven dansen en zingen, het ene lied na het andere, totdat Amma, die nog steeds in die naar binnen gekeerde toestand verkeerde, tenslotte op de grond ging zitten.

De volgelingen hadden het sterke gevoel dat Amma in de bhava van de Godin Parvati was. Wie weet? Misschien toonde Zij die stemming ter wille van de volgelingen. Niets is onmogelijk voor een ziel die één is met het hoogste Brahman. Zo iemand kan op elk moment dat hij wil elk aspect van het Goddelijke manifesteren.

Toen Amma ten slotte naar Haar normale zelf terugkeerde, vroeg een volgeling Haar: "Amma, we voelden sterk dat U in de goddelijke stemming van de Godin Parvati verkeerde."

Amma wees eerst naar Zichzelf en vervolgens naar boven en antwoordde toen: "Dit is Dat." Na een onderbreking vervolgde Ze: "Of het wel of niet gemanifesteerd wordt, dit is Dat. Verwar dit niet met het lichaam. Het lichaam is alleen maar een omhulsel. Voorbij het omhulsel is oneindigheid."

De niet te begrijpen uitdrukking op Amma's gezicht en de woorden die Ze sprak, leken direct vanaf het hoogste bewustzijnsniveau te komen. Als men een beetje doordrong, was het niet moeilijk om op te merken dat Amma zei dat Zij in de goddelijke stemming van Godin Parvati vertoefde, hoewel Ze het niet rechtstreeks zei. De diepte van zo'n uitspraak was zo diepzinnig en doordringend dat iedereen in het diepst van zijn hart geraakt was.

Het belang van de vrouwelijke eigenschappen van een zoeker

Een paar minuten verstreken in stilte totdat een bezoekende volgeling zich niet in kon houden om een vraag te stellen: "Amma, ik heb gehoord dat er twee soorten leerlingen zijn: zij die overwegend intellectueel zijn en zij die een meer vrouwelijke natuur hebben. Ik geloof niet dat ik dit goed begrepen heb. Zou U zo vriendelijk willen zijn om mij dit punt te verhelderen?"

Amma: "Spirituele realisatie kan je niet verkrijgen zonder liefde, toewijding en openheid die je in staat stellen om ware kennis van een ware Meester te ontvangen. Een zoeker die van nature overwegend intellectueel is ingesteld, moet daarom proberen om een balans te scheppen tussen het intellect en het hart. Hij moet een immense liefde voor zijn Meester hebben en tegelijkertijd moet hij juiste kennis over de alwetende natuur van zijn Meester hebben.

Als je te intellectueel bent, zou het een onevenwichtigheid kunnen scheppen en zou je te egoïstisch kunnen worden. Intellect is redeneren. Het kan alleen ontleden en in stukken snijden. Het kan niet verenigen. Het zal geen vertrouwen en liefde ontwikkelen, wat een essentiële factor is voor de innerlijke groei van de spirituele zoeker. Te veel intellect is voor een zoeker niet goed, omdat hij dan geen liefde en toewijding voor zijn Meester zal hebben. Zonder liefde en een houding van overgave en nederigheid kan de Meester je geen ware kennis bijbrengen.

Het is moeilijk om een zoeker die overwegend intellectueel is, discipline bij te brengen, tenzij een almachtige Meester de verantwoordelijkheid voor hem op zich neemt. Alleen een volmaakte Meester kan zijn ego breken en de ware essentie, die zijn ware natuur is, naar buiten brengen. Hij kan dan wel naar buiten toe zijn intellectuele kwaliteiten behouden, maar innerlijk zal hij diep toegewijd zijn; er zal een volmaakt evenwicht tussen de twee eigenschappen zijn.

Als een Meester aan het ego heeft gewerkt, wordt het ego nuttig voor de wereld. Zijn kenmerken zullen verfijnd en goed gevormd zijn en door de Genade van de Meester zal zijn ego goed onder controle staan.

Als het ego door de Genade van de Meester volmaakt onder controle staat, doet de leerling alles in naam van de Meester. De Meester doet alles door hem en voor hemzelf is er geen plaats in wat hij doet. Zijn houding zal zijn: 'Ik ben slechts een instrument. Mijn almachtige Meester doet alles door mij.' Hij schrijft alles toe aan de Meester en hij haalt nooit de eer naar zich toe. Maar tegelijkertijd heeft hij een avontuurlijke geest, geweldige moed en de kracht om schijnbaar onmogelijke taken te ondernemen en die te voltooien.

Maar dat beitelen, vormen en weer opbouwen van het ego van de leerling kan alleen door een Satguru worden gedaan. Als zo'n zoeker er alleen voor staat of door een onvolmaakte goeroe opgeleid wordt, dan zal het op de een of andere manier alleen maar een grotere onevenwichtigheid in zijn natuur scheppen. Dit zal op zijn beurt anderen en de maatschappij als geheel veel leed bezorgen. Hij zal spoedig proberen om zelf een goeroe te worden.

Je kan hem zien proberen een eigen groep leerlingen te vormen en zijn eigen ashram te bouwen.

In Hanuman, de grote volgeling van Heer Rama, kan men een mooie vermenging zien van mannelijke en vrouwelijke eigenschappen. Hij deed alles in de naam van Rama, zijn dierbare Heer, en ging nooit met de eer strijken. Hoewel Hanuman erin slaagde om erg moeilijke taken te volbrengen, was hij nooit trots op zijn heldendaden. Integendeel, hij bleef de nederige en gehoorzame dienaar van zijn Meester, Heer Rama. 'Niet door mijn kracht en vastberadenheid, maar door Heer Rama's genade' was altijd Hanumans houding.

Leerlingen met vrouwelijke eigenschappen zijn totaal verschillend. Ze willen niet erop uit gaan om te prediken noch willen zij enige aandacht of aanzien. Ze maken zich zelfs geen zorgen over het bereiken van Zelfrealisatie. Hun enige wens is om in de fysieke nabijheid van de Meester te blijven en hem te dienen. Dat is hun *tapas*. Ze kennen geen hogere spiritualiteit dan dat. Voor hen is er geen grotere Waarheid dan hun Meester. 'Mijn Meester, mijn Wereld, mijn Alles in alles' is hun houding. Het hart van zo'n leerling is vol liefde en gehechtheid aan zijn Meester. Deze relatie kan niet door logica of redenering worden verklaard. Hij kan alleen worden vergeleken met de liefde van de *gopi's* voor Krishna: Liefde, liefde, liefde en liefde. Overstromende liefde. Dat is het. Ze bekommeren zich om niets anders."

Amma vertelde toen een verhaal over een leerling van Boeddha.

"Op een dag was een leerling plotseling verdwenen. Niemand kon hem vinden. Zeven dagen gingen voorbij, maar nog steeds wist niemand waar hij was. Toen op een dag vond Boeddha hem liggend op het dak van de ashram. Boeddha wist dat hij daar was en dat hij verlichting had bereikt. Boeddha hield zijn hand vast en zei: "Ik weet dat jij de toestand van *nirvana* hebt bereikt."

178

De leerling zei: "Mijn dierbare Meester, ik weet dat het zo is. U hoeft dit niet te bevestigen. In feite ben ik bang voor Uw bevestiging omdat U vervolgens tegen mij zal zeggen: 'Nu je *nirvana* hebt bereikt, moet je eropuit gaan en prediken, je moet de boodschap van de Waarheid over de wereld verspreiden'. Ik ben bang mijn Heer, omdat ik veel liever in een toestand van onwetendheid in Uw aanwezigheid zou willen blijven, dan in een volledig gerealiseerde toestand U verlaten en de wereld ingaan."

"Dit is de houding van een leerling die begiftigd is met vrouwelijke eigenschappen. Hij zal altijd een grote liefde voor zijn Meester houden. Het hart van een vrouwelijke leerling is zo vol van liefde voor de Meester, dat hij altijd in de fysieke aanwezigheid van de Meester wil verblijven. Dat is de vervulling van zijn leven. Dat is zijn hoogste realisatie"

Een ware Meester is het universum en daar voorbij

Vraag: "Amma, ik heb U horen zeggen dat in diepste nederigheid buigen voor een Meester gelijkstaat met neerbuigen voor het hele bestaan. Vertel ons alstublieft wat U daarmee bedoelt."

Amma: "Kinderen, alleen als je volledig zonder ego bent, kun je voor de hele schepping buigen. Als er geen ego is, sta je boven de beperkingen van de geest en word je het alles doordringende Zelf. Als je eenmaal alles als je eigen Zelf beschouwt, kun je alleen maar buigen en accepteren. Als je voorbij het ego gaat, betekent dat dat je niets wordt. Maar zoals ruimte word je alles, je wordt de hele schepping.

Eens, toen Krishna nog een kind was, speelde Hij met Zijn vriendjes. Ze speelden met allerlei denkbeeldige dingen, zoals kleine kinderen doen, en hadden veel plezier. Krishna ging met Zijn vriendjes eten. Een van de kinderen serveerde aan iedereen een maaltijd van zand wat rijst moest voorstellen. Ze hoorden alleen te doen alsof ze aten, maar Krishna at werkelijk het zand op. Krishna's oudere broer, Balaram, en de anderen renden direct naar Yashoda, de pleegmoeder van de Heer, en vertelden haar wat er gebeurd was. Yashoda pakte Krishna op en vroeg Hem om Zijn mond te openen. Zie! Ze zag het hele universum in Zijn mond. Ze zag de zon, de maan, en de sterren, de melkweg en alle sterrenstelsels. Ze zag bergen, valleien, oerwouden, bomen en dieren. Yashoda aanschouwde het hele universum in Krishna.

Op dezelfde manier toonde Krishna tijdens de veldslag in Kurukshetra, toen Hij voor Arjuna de grote rede van de Bhagavad Gita hield, Zijn universele vorm aan Arjuna, toen hij de wens uitsprak om die te zien. Arjuna zag toen het hele universum in de vorm van de Heer. Zelfs zag hij de legers van de Pandava's en Kaurava's op het lichaam van de Heer.

Wat betekent dit? Het betekent dat de ware Meester het hele universum omvat. Krishna was een ware Meester en een ware Meester is God. Zijn bewustzijn is één met het Universele Bewustzijn. Dat Bewustzijn is precies hetzelfde Bewustzijn dat in en door de hele schepping straalt. Zo'n grote Meester heeft oneindig veel lichamen, oneindig veel ogen. Hij kijkt, hoort, ruikt, eet en ademt door elk lichaam. Hij is de oneindigheid zelf. Overgave in diepste nederigheid aan zo'n Meester is hetzelfde als overgave aan het hele bestaan en neerbuigen voor de hele schepping.

In die toestand realiseer je je dat niets verschillend of afgescheiden van je is. Voor het hele bestaan neerbuigen is ook een toestand van totale acceptatie. Je stopt het gevecht met de toestanden die zich in je leven voordoen. Je vecht en worstelt alleen als je een ego hebt, alleen als je met het lichaam vereenzelvigd bent. Als je de ketenen van het ego van je afschudt, is vechten niet meer mogelijk. Je kunt alleen maar accepteren.

Terwijl een egoïstisch iemand iedereen behalve zichzelf als een onwetende dwaas ziet, beschouwt een ware *Mahatma* iedereen als een verlengstuk van zijn eigen Zelf. In de toestand van Zelfrealisatie kan men niets verwerpen, men kan alleen accepteren. Ruimte accepteert alles, of het nu goed of slecht is. Een rivier accepteert alles en de oceaan accepteert alles. Wanneer je zo groot als het universum wordt, heb je voor alles en iedereen plaats. Wanneer je geest en ego verdwijnen, word je oneindigheid.

De ruimte en de natuur accepteren de vervuilde lucht van de fabrieken even goed als de zoete geur van bloemen. Zij omarmen alles. Evenzo begroet een ware *Mahatma* alles, zowel negatief als positief. Hij accepteert iedereen en door zijn onvoorwaardelijke liefde en oneindige mededogen geeft hij alleen maar genade en zegeningen terug.

Kinderen, hebben jullie dit verhaal gehoord? Een ongetrouwd dorpsmeisje schonk eens het leven aan een kind. In eerste instantie weigerde zij om iemand te vertellen wie de vader was, maar na lang vragen noemde zij uiteindelijk een zeer gerespecteerde spirituele Meester, die aan de rand van het dorp woonde. De ouders van het meisje stormden, gevolgd door de dorpelingen, het huis van de Meester binnen. Zij beledigden hem, sloegen hem in elkaar en beschuldigden hem ervan dat hij een huichelaar was. Ze brachten het kind naar hem en droegen hem op om ervoor te zorgen. De Meester nam het kind in zijn armen, keek er met veel liefde naar en zei: "Heel goed. Het zij zo." Vanaf toen zorgde de *Mahatma* heel goed voor het kind. Hij behandelde het met even veel liefde en tederheid als een moeder voor haar eigen kind. De reputatie van de Meester was geruïneerd. Hij werd door alle dorpelingen en zijn eigen leerlingen gemeden. Maar zelfs nadat iedereen hem in de steek had gelaten, zei de Meester kalm: "Heel goed. Zo zij het."

Er ging een jaar voorbij. Het meisje dat het kind het leven had geschonken, had last van een kwaad geweten en bekende ten slotte dat de vader van het kind de jongeman van hiernaast was en niet de onschuldige heilige. Haar ouders, de dorpelingen en de leerlingen hadden veel berouw. Ze gingen allemaal naar de *Mahatma* en knielden voor zijn voeten om hem vergeving te vragen. En ze vroegen hem om het kind terug te geven. De onbewogen *Mahatma* glimlachte toen hij hun het kind overhandigde. Hij zegende iedereen en zei opnieuw rustig: 'Heel goed. Het zij zo.'

Dit is de houding van een ware *Mahatma*. Hij buigt voor het hele bestaan. Het is niet zijn natuur om iets te verwerpen. Hij zegt geen nee tegen het leven of bepaalde ervaringen in het leven. Hij zegt gewoon ja tegen alles wat het leven hem brengt. Hij vervloekt niemand en neemt geen wraak; hij vergeeft alleen maar en zegent.

Met uitzondering van de mens is alles in de schepping een voorbeeld van dankbaarheid aan de Schepper voor de eindeloze zegeningen die Hij erover uitstort. Zelfs de vogels en de dieren leiden hun leven in dankbaarheid. Niets dwaalt van zijn eigen natuur af, of het nu in het planten- of dierenrijk is. Alles leeft volgens de natuurwetten. Maar de zogenaamde intelligente menselijke wezens overtreden de wetten en verstoren de harmonie in de natuur. Zij verstoren het leven van andere levende wezens en andere aspecten van de schepping.

God heeft de mens gezegend met een overvloed aan gaven, maar de mens verandert alles in een vloek. Dit leven is een prachtige zegen. Onze geest en elk lichaamsdeel, onze gezondheid en onze rijkdommen, zij zijn allemaal een zegen door God aan ons gegeven. Maar wat doen wij met deze zegeningen? We gebruiken onze handen om verkeerde dingen te doen, onze benen brengen ons naar verboden plaatsen, we gebruiken onze ogen om naar lelijke dingen te kijken, met onze geest maken we verkeerde plannen en denken slecht over anderen, we gebruiken ons intellect om verwoestende dingen uit te vinden en de rijkdom die we hebben, gebruiken we alleen voor onze egoïstische doeleinden. We hebben het leven voor onszelf en voor anderen tot een vloek gemaakt.

Alle schepselen benaderden eens Heer Brahma, de Schepper. Allen hadden een intens verlangen om van het verdriet en het lijden van het leven verlost te worden. Het varken ging als eerste naar voren. Met tranen biggelend over zijn wangen smeekte hij de Heer: "O Heer van de hele schepping, is het mogelijk aan dit lijden te ontsnappen? Is er enige hoop voor mijn soort?" De Schepper knikte instemmend en zei: "Ja mijn kind. Natuurlijk." Daarna kwamen de os, de hond en de olifant. Ze weenden allemaal en stelden allemaal dezelfde vraag. En tegen allemaal antwoordde de Schepper: "Er is hoop voor jullie allemaal." Toen stapte de mens naar voren met dezelfde vraag. Heer Brahma keek naar de mens en plotseling barstte de Schepper Zelf in snikken uit."

Er volgde een luidruchtig gelach. Nadat het weer stil was geworden, zei Amma: "Vandaag is het Tiruvatira. Wij moeten eigenlijk lovend over Shiva en Parvati zingen. Dus laten we nu zingen en dansen. Amma begon toen spontaan in een verheven toestand van de hoogste devotie een lied te zingen. Iedereen reageerde met veel liefde en enthousiasme op Amma's gezang. Het lied *Indukaladhara* verheerlijkt Heer Shiva en Godin Parvati. Amma zong het refrein herhaaldelijk in een heel hoog tempo.

Shambo Shankara Shambo Shankara
Shambo Shankara Shiva Shambo.

Heer Shiva,
die de wassende maan op Zijn hoofd draagt,
die de heilige Ganges in Zijn verwarde haarlokken houdt,
wiens lichaam met slangen is versierd,
en wiens geur Goddelijk is,
ik kniel neer voor de heilige Voeten
van die Hoogste Heer.

183

O Heer, die de Eerste Oorzaak is,
die buitengewoon meedogend voor Zijn volgelingen is,
de grote God, die voorspoedige gunsten schenkt,
die de drietand vasthoudt,
en wiens Voeten ook door hemelse wezens worden vereerd,
vernietiger van alle leed,
Shambho Shankara.

O Heer van het Universum,
ik neem mijn toevlucht aan Uw voeten.
O Heer, Geliefde van Parvati,
O Meedogende
neem mijn eindeloze verdriet weg
en geef mij toevlucht aan Uw Voeten.

Iedereen leek in extase te zijn. Op een gegeven moment stond Amma op en begon te dansen. Iedereen stond ook op.

De volgelingen vormden een perfecte kring om Amma, klapten in hun handen en zongen luid mee. Toen zij de woorden *Shambo Shankara Shambo Shankara* zongen, bewogen ze zich langzaam ritmisch om Amma heen. Amma bleef in het midden van de kring in hoogste gelukzaligheid dansen.

Om met een grote Meester te leven is een onbeschrijfelijke ervaring. Het is als een feest dat nooit ophoudt en elk moment is een viering. Het woord feest in het Sanskriet is *utsavam*. Het oorspronkelijke woord is *utsravam* wat oprijzen en stromen of overstromen betekent. Alle feesten zijn symbolisch voor het overstromen van pure gelukzaligheid en bewustzijn; vooral de feesten die in tempels worden gevierd, symboliseren het overstromen van spirituele energie en gelukzaligheid. De spirituele energie die in een tempel door gebed, meditatie, verering en recitatie wordt gecreëerd, vult de hele tempel. Het stijgt dan boven de vier muren van de tempel uit, stroomt over het hele dorp of de stad waar hij ligt en zuivert de hele omgeving. Dit is de gedachte achter de feesten die elk jaar in tempels worden gevierd.

In Amma's aanwezigheid gebeurt het onophoudelijk, omdat Haar aanwezigheid een nooit eindigende stroom van goddelijke energie is die vanuit Haar wezen naar het hart van Haar volgeling overstroomt. Ze ervaren die goddelijke energie als zij die in zich opnemen. Dit is wat er nu gebeurde en wat er altijd gebeurt.

Het dansen en zingen gingen door totdat Amma zich plotseling uit de kring verwijderde en wegliep naar de zuidkant van de ashram, naar de rand van de backwaters. De vrouwen hielden onmiddellijk op met zingen alsof er een elektrische schakelaar was uitgezet. Iedereen draaide zich om om te zien wat Amma ging doen, maar niemand volgde Haar, omdat Zij de indruk gaf alleen te willen zijn. Een oudere brahmachari vroeg iedereen te gaan mediteren. Binnen een paar minuten ging iedereen uiteen en de hele nacht werd doorgebracht in meditatie en gebed.

Hoofdstuk 15

Is de gehechtheid aan de vorm van de Satguru belangrijk?

Amma beantwoordde een vraag die door een Westerse volgeling werd gesteld.

Vraag: "Amma, sommige mensen zijn erg aan Uw uiterlijke vorm gehecht. Ze hebben zoveel liefde voor U dat ze een intens verlangen hebben om in Uw fysieke aanwezigheid te zijn. Terwijl er anderen zijn die niet zo'n gehechtheid hebben, hoewel ze er werkelijk naar verlangen God te realiseren. Ze houden van U, maar ze zijn van mening dat gehechtheid aan Uw vorm pijn zal veroorzaken, en hierom blijven ze weg. Amma, ik vraag me af of het absoluut noodzakelijk is om aan de fysieke vorm van de Meester gehecht te zijn, of is het genoeg om het verlangen te hebben om God te realiseren zonder gehecht te zijn aan de uiterlijke vorm?"

Amma: "De belangrijkste eigenschap die een ware *sadhak* moet hebben, is de houding van volledige overgave en acceptatie. In de beginfase van spiritualiteit is het moeilijk om je over te geven en alles te accepteren, vooral als er niemand is om je te leiden, iemand die voor jou als voorbeeld kan dienen. Men moet op zijn minst de bereidheid hebben om zich over te geven. Maar er kan altijd verwarring ontstaan over aan wie of wat men zich moet overgeven. Hoe gebeurt dit? Totdat je Zelfrealisatie hebt bereikt, kun je slechts een vaag idee over alle aspecten van spiritualiteit hebben. Je wispelturige en achterdochtige geest zal altijd met twijfels komen. Als er niemand is om je te leiden, zul je in verwarring raken en gemakkelijk misleid worden en je weet niet tot wie je je moet wenden.

Dus om te beginnen, ontstaat er de noodzaak voor een ware Meester; iemand met wie je goed op kunt schieten en van wie je ware overgave en acceptatie kunt leren. Overgave en acceptatie is niet iets wat je eenvoudig wordt geleerd. Je kunt het niet uit boeken of op een school of universiteit leren. Het zal zich in je ontwikkelen door de geweldige inspiratie die je door de fysieke aanwezigheid van de Meester krijgt, omdat de Meester de belichaming is van alle goddelijke eigenschappen. In de Meester zie je ware overgave en acceptatie en dus krijg je een werkelijk voorbeeld waaraan je je kunt verbinden, iets tastbaars waaraan je je kunt toevertrouwen. De geweldig inspirerende en transformerende aanwezigheid van de Meester schept een grote liefde voor de Meester in je en er ontwikkelt zich een sterke band tussen jullie. Overgave en acceptatie worden gewoonlijk geboren als binnen in zuivere liefde ontstaat.

Als een zorgzame moeder

In de beginfase van spirituele liefde is er een houding van: 'Ik ben Uw volgeling, leerling, dienaar of geliefde en U bent mijn Heer, Meester of Geliefde'. In deze beginperiode ben je verliefd op de Meester geworden en zodoende kun je niet voorbij de vorm gaan. Je bent zo gehecht aan de uiterlijke vorm van de Meester, dat je er niet voorbij wilt gaan. Omdat dit de beginfase is, leer je langzaam overgave en acceptatie, maar die zijn nog niet volledig. Spiritueel gezien ben je een pasgeboren baby omdat je niets van de spirituele wereld weet. Zoals een kind niets anders drinkt dan moedermelk en niets anders kent dan de warmte van haar boezem, kent het spirituele kind in je alleen de vorm en de fysieke nabijheid van je Meester. Wat jou betreft, is de uiterlijke vorm van de Meester de hele spirituele wereld waaraan je buitengewoon gehecht raakt. Je hebt de fysieke aanwezigheid en de warmte van je Meester nodig en je zult er altijd vurig naar verlangen.

Zoals huilen voor een kind de enige manier is om zijn wensen kenbaar te maken, of het nu honger, dorst of pijn is, heb je in de beginfase van spiritualiteit maar één manier om je hart te uit te drukken en dat is tranen van intens verlangen storten. De Meester zal je met zijn liefde binden en hij zal het absolute middelpunt in je leven worden. In die ervaring van goddelijke, onvoorwaardelijke liefde heb je niets te zeggen. Je stort in stilte tranen van liefde en verlangen.

Als spirituele baby word je in een totaal vreemde en onbekende wereld geboren. Een kind heeft de warmte en de melk van zijn moeder nodig. De moeder kent het hart van haar kind en zal alles voor hem doen. Haar borsten vullen zich steeds spontaan met melk wanneer het kind honger heeft. De moeder weet intuïtief of haar kind pijn heeft of zich onbehaaglijk voelt. Als het kind in de plas of poep ligt, komt de moeder en zal ze het kind baden en het schone kleertjes aandoen. Het kind valt in slaap als het naar de stem van zijn moeder luistert terwijl zij een mooi slaapliedje zingt. Dus het kind kan niet zonder zijn moeder. Een moeder of een moederlijk persoon is absoluut noodzakelijk voor een gezonde groei van het kind. Een echte moeder voedt niet alleen het lichaam van het kind maar ook zijn geest. De wereld van het kind draait om zijn moeder. Hij is volledig afhankelijk van haar. Voor hem is zijn moeder het mooiste wezen in de hele wereld. Omdat hij zo aan haar gehecht is, zijn al zijn dromen en fantasieën rond haar geweven.

Op dezelfde manier is de spirituele Meester alles voor de *sadhak* in het begin van zijn spirituele leven. Het kan nooit een overdrijving zijn om te stellen dat de Meester alles voor een ware leerling is, zelfs meer dan God.

Zoals een moeder de hele wereld voor haar baby is, is een ware Meester alles voor de leerling die nog een beginneling is, een baby op het spirituele pad. En de Meester geeft zelfs meer om zijn spirituele baby dan een moeder om haar pasgeboren baby.

In de beginfase van spiritualiteit neemt de leerling de rol van een kind aan tegenover de Meester. Voor de leerling kan de hele spiritualiteit in een notendop worden samengevat: "Mijn Meester, mijn Alles in alles." Al zijn verbeelding en al zijn dromen over spiritualiteit worden rond zijn Meester geweven. De leerling is buitengewoon gehecht aan zijn Meester, wil altijd zijn liefde en genegenheid, zijn aandacht en zijn warmte en wil altijd in zijn fysieke aanwezigheid verblijven. Hij kan niet over een wereld of een leven dromen zonder zijn Meester. Dit is een heel spontaan en natuurlijk gevoel bij de volgeling of leerling.

Maar de baby blijft nooit een baby, omdat hij onder de liefdevolle zorg van zijn moeder opgroeit. Evenzo groeit het spirituele kind op onder leiding van de Meester, maar zijn groei is innerlijk. Als het spirituele kind groeit, verandert de moeder in de Meester langzaam in de vader en de nadruk komt meer op discipline te liggen. Dit bijbrengen van discipline is bedoeld om de leerling onthechting, overgave en acceptatie te leren, niet alleen jegens de uiterlijke vorm van de Meester maar jegens de hele schepping. De Meester is niet slechts het lichaam; hij is de kracht die door en in alles schijnt en daarom leert hij de leerling nederig te buigen voor alles in de schepping. Deze oefening dient om de leerling van bekrompenheid naar een hoger niveau te verheffen, wat hem in staat stelt om alles in een ruimer perspectief te ervaren. Hij zal dan beseffen dat alles in de schepping niets anders is dan zijn eigen Meester. Door de opleiding van de Meester zal de leerling ervan doordrongen zijn dat de Meester niet slechts de fysieke menselijke vorm is, maar het ene Bewustzijn dat de hele schepping doordringt. Naarmate de leerling innerlijk groeit en rijpt, laat de

Meester hem meer en meer zelfstandig worden, dat wil zeggen afhankelijk van zijn eigen Zelf.

In de laatste fase van liefde worden de geliefde en de Geliefde één. Hieraan voorbij is er nog een toestand waar geen liefde, geliefde en Geliefde is. Die toestand is onbeschrijfelijk. Dat is waar de Meester je uiteindelijk brengt.

De weg van een ware Meester gaat woorden ver te boven. In tegenstelling tot een moeder in de wereld, bindt een ware Meester een leerling nooit aan zich. Integendeel, hij brengt de leerling voorbij alle beperkingen en gehechtheid van het lichaam en maakt hem volledig onafhankelijk en vrij. Gehechtheid aan het lichaam van de Meester zal je uiteindelijk tot volledige onthechting en vrijheid brengen. Ofschoon de leerling in de beginfase van zijn ontwikkeling een sterke gehechtheid aan de uiterlijke vorm van de Meester zal voelen, kun je het geen gebondenheid noemen. Twee mensen die zich op het fysieke vlak bevinden, kunnen elkaar binden, maar een ware Meester kan niemand binden omdat de Meester niet het lichaam is. Hij is niet persoonlijk op de manier dat we over onze persoonlijke vrienden en andere mensen denken. De Meester is zowel onpersoonlijk als persoonlijk. Gebondenheid bestaat als je alleen aan iemands lichaam gehecht bent. Wanneer je van de uiterlijke vorm van een Meester houdt, houd je niet van een beperkt persoon, maar je houdt van het Zuiver Bewustzijn en de Meester zal dit langzaam aan je bekendmaken. Naarmate je bewustzijn innerlijk groeit, dat wil zeggen naarmate je bewustzijn over de ware natuur van de Meester zich verdiept, zul je geleidelijk de allesdoordringende natuur van de Meester ervaren. Je zult te weten komen dat de Meester niet tot het lichaam is beperkt, maar dat hij de *Atma Shakti* is die immanent in alles aanwezig is. De Meester zelf zal je tot deze ervaring leiden. Zijn Genade zal je uiteindelijk helpen om boven alle gebondenheid uit te komen.

Daarom zegt Amma dat jouw gehechtheid aan de uiterlijke vorm van de Meester je nooit kan binden."

Een ware Meester neemt alle pijn weg

Vraag: "Zegt Amma dat de gehechtheid aan de uiterlijke vorm van een Meester nodig is? Maar hoe zit het dan met al het lijden waar sommige mensen het over hebben, het lijden dat samenhangt met iemands gehechtheid aan de Meester?"

Amma: "Amma begrijpt de merkwaardige ideeën niet die de mensen erop na houden. Je zegt dat men niet aan de vorm van de Meester gehecht wil zijn omdat er wat pijn is als men hieraan gehecht is. Kinderen, kunnen jullie Amma iemand in deze wereld aanwijzen die geen pijn heeft? De mensen hebben voortdurend pijn, fysiek of mentaal. Vraag het iemand in de wereld en hij zal je zeggen: "Mijn lichaam lijdt zoveel," of "Mijn gevoelens zijn gekwetst," of "Die en die heeft me niet met respect behandeld en ik voel me beledigd." Vertel Amma eens wie er geen pijn heeft! De mensen lijden pijn, zowel innerlijk als uiterlijk. Wat weet je van pijn? Pijn houdt niet alleen fysieke pijn in. De innerlijke wonden zijn veel pijnlijker.

Er is geen logica in jouw bewering dat gehechtheid aan de uiterlijke vorm van de Meester pijn zal veroorzaken. Je draagt diepe wonden met je mee die in het verleden zijn veroorzaakt. Al deze wonden en de pijn die eruit voortkomt, zijn het resultaat van je sterke gehechtheid aan de genoegens van de wereld. Je bekommert je niet om je met pus ontstoken wonden en de pijn die zij veroorzaken. Al die wonden genezen niet. Niemand kan ze genezen, omdat je de wonden en neigingen uit je vorige levens met je meedraagt. Ze zijn niet alleen afkomstig uit dit leven. Geen dokter of psychotherapeut kan die wonden genezen. Zij kunnen niet diep genoeg in je geest doordringen om die wonden weg te nemen. Je wonden en neigingen liggen diep in je binnenste; ze zijn heel oud en ze zijn je langzaam van binnenuit gaan beklemmen.

Mensen wenden zich tot deskundigen om hun innerlijke pijn te verminderen, maar alle deskundigen in de wereld, doktoren, wetenschappers, psychologen enz. zijn mensen die in hun eigen geest verblijven, binnen de kleine wereld die door hun ego is geschapen. Zolang ze zelf niet in hun eigen geest zijn doorgedrongen, hoe kunnen ze dan in anderen doordringen? Zolang ze zelf in de greep van hun geest en ego zijn, hoe kunnen ze dan anderen helpen om boven de geest en het ego uit te stijgen. Zij hebben ook diepe wonden en sterke neigingen, net zoals jij. Zulke deskundigen kunnen je niet helpen om je wonden te genezen en de pijn te verwijderen. Alleen een ware Meester, die volledig vrij is van zulke beperkingen en die boven de geest is uitgestegen, kan in je geest doordringen en al die niet genezen wonden behandelen en al je sterke neigingen en oude gewoonten wegnemen.

Het is heel vreemd om je te horen zeggen dat er mensen zijn die niet aan de vorm van een Meester gehecht willen zijn omdat het met pijn gepaard gaat. Je ervaart al geweldig veel pijn. In feite ben je de belichaming van diepe, martelende pijn. Gehechtheid aan de vorm van een Meester kan helemaal geen pijn veroorzaken, omdat hij geen object is, noch is hij een lichaam of een ego. Hij is voorbij alles. Hij kan je onmogelijk pijn doen of je tot iets dwingen. Hij is als ruimte, als de oneindige hemel. En ruimte kan je geen pijn doen. Dus probeer niet je vooroordelen op de Meester te projecteren of over hem te oordelen. De geest heeft inherent ongelijk; hij is niet in staat om correct te oordelen. Al je ideeën en oordelen behoren tot je geest en hebben niets te maken met de volmaakte Meester die voorbij de geest is. Een geest kan misschien een oordeel geven over een andere geest, maar de geest kan niet oordelen over iets wat voorbij hem zelf is. Een geest of ego kan een andere geest of ego pijn doen, maar iemand die voorbij de geest is kan niemand pijn doen omdat zo'n ziel geen ego heeft of een oordeel heeft om aan iemand te uiten. Jouw lijden zit in jezelf, het komt niet van de Meester.

Wanneer je in de fysieke aanwezigheid van een grote Meester, een *Satguru*, bent, word je ertoe gebracht om naar al je pijn te kijken. Die heeft in je verborgen gelegen en wordt nu manifest, omdat een ware Meester als de zon is, een spirituele zon. In zijn aanwezigheid is er geen nacht. Er is voortdurend daglicht. Als de zon van de Meester schijnt, dringt hij diep in je geest door en door zijn licht zie je alles in je. Je ziet de verborgen hel die in je zit, en nu je die gezien hebt, weet je dat die er is. Hij is er altijd geweest, maar je hebt het nooit geweten. Hoe kun je je verborgen pijn weghalen als je je niet van het bestaan daarvan bewust bent? Het is belangrijk te weten dat de pijn uit jou komt en niet ergens van buitenaf. Tot nu toe heb je gedacht dat de pijn afkomstig is van externe factoren: van verbroken relaties, van onvervulde verlangens, van iemands overlijden of van de boosheid van anderen, hun beledigingen en mishandeling. Maar de werkelijke bron van die pijn moet in je gezocht worden. En nu word je, in het licht van de oneindige spirituele glorie van de Meester, ertoe gebracht alles duidelijk te zien. Je beseft dat alle pijn in jou is.

Vergeet niet dat de Meester je niet gewoon daar helemaal alleen achterlaat. Hij zal je met behulp van zijn oneindige spirituele energie helpen. Hij zal je wonden genezen.

Dus de pijn is niet afkomstig van je gehechtheid aan de uiterlijke vorm van de Meester, het zijn je geest en je negatieve neigingen die de pijn veroorzaken. Wanneer je de aard van je pijn begint te begrijpen, dan moet je met de Meester meewerken. Hij is de goddelijke dokter, wiens bekwaamheid en energie onuitputtelijk is.

Bedenk dat jij een patiënt bent die een grote chirurgische ingreep nodig heeft. Maar maak je geen zorgen, je kunt de dokter volledig vertrouwen. Heb onverdeeld vertrouwen in hem. Je bent in zijn operatiekamer. Laat hem aan je werken; werk met hem mee en spartel niet tegen; wees stil en beweeg je niet. Natuurlijk zal hij je onder narcose brengen. Zijn narcose is de onvoorwaardelijke liefde en het mededogen dat hij door heel zijn wezen uitdrukt. Met die narcose zul je voor de operatie klaar gemaakt worden.

Wanneer de Meester eenmaal met de operatie begonnen is, zal hij je niet laten gaan, want geen enkele dokter laat zijn patiënt wegrennen als de operatie half af is. Op de één of andere manier zal de Meester erop toezien dat je op de operatietafel blijft liggen, omdat het gevaarlijk zou zijn als je onder de operatie weg zou rennen. De Satguru zal je niet weg laten rennen. Maar de chirurgische ingreep die door de Satguru wordt uitgevoerd, is niet erg pijnlijk in vergelijking met de zeer ernstige toestand van je ziekte en in verhouding tot de zeer grote gelukzaligheid en de andere weldaden die je zult verkrijgen. De overstromende liefde en het mededogen van de Meester zullen de pijn enorm verlichten. De ware Meester is één met God, en daarom zul je je in Gods liefde en mededogen koesteren.

De Meester veroorzaakt geen pijn, hij is een pijnstiller. Zijn voornemen is niet om je tijdelijke verlichting te geven, maar permanente verlichting, voor altijd. Maar om de één of andere reden willen mensen hun pijn behouden. Hoewel de hoogste gelukzaligheid onze natuur is, lijkt het erop dat de mensen in hun huidige mentale toestand van hun pijn genieten, alsof het een natuurlijk deel van hen is geworden.

Een handlezer las iemands hand en hij voorspelde: "Tot op je vijftigste zul je in je leven veel verdriet en lijden ervaren. Je zult voortdurend mentaal pijn lijden en kwellingen ondergaan." "En na mijn vijftigste?" vroeg de klant. De handlezer zei koeltjes: "Na je vijftigste zal het je natuur worden."

Er werd geweldig gelachen en zelfs Amma deed mee. Zij vervolgde: "Het lijkt erop dat de menselijke natuur bijna zo is geworden. Mensen lijden pijn en hebben zich er bijna mee vereenzelvigd. Zo sterk zelfs, dat zij er zich niet van bewust zijn en er ook niet echt uit willen komen."

De brahmachari die de vraag had gesteld, zei: "Amma, ik heb nog één vraag." Hij keek naar Amma om te zien hoe Haar reactie was, omdat Amma soms stil blijft zonder vragen te beantwoorden. Amma's doen en laten is altijd raadselachtig en onvoorspelbaar. Niemand weet wanneer Ze verkiest te spreken of niet. Zelfs tijdens een brainstormbespreking kan Amma plotseling in Haar eigen oneindige bewustzijn wegzinken. Haar onbegrensde bewustzijnstoestanden gaan het menselijk begrip te boven. Het kan overal en op elk moment gebeuren.

Niemand anders dan de Hoogste Godin

Op een keer wilden enkele volgelingen Amma meenemen naar een beroemde Devitempel in Tamil Nadu. Dit voorval deed zich voor halverwege 1977. In die tijd was Amma regelmatig totaal onbewust van alle uiterlijke omstandigheden. Op zulke momenten had Ze niet het minste bewustzijn van Haar lichaam.

Het gezin dat Amma naar de tempel mee wilde nemen, was erg toegewijd aan Haar. In die dagen was het nog niet zo druk rond Amma als tegenwoordig. De volgelingen kwamen alleen maar tijdens Bhava *darshan* en als het de volgende morgen afgelopen was, nodigden ze Amma vaak bij hen thuis uit. Amma ging soms mee en bracht dan een of twee dagen bij hen door. Als Amma bij de volgelingen thuis kwam, hoopten ze dat ze een paar dagen voor Amma konden zorgen zodat Ze wat rust kon nemen. In die dagen at of sliep Amma nooit, behalve als iemand Haar eraan herinnerde en zo nodig Amma ermee lastig viel en erop aandrong dat Ze op zijn minst nu en dan wat moest rusten en iets moest eten. Maar zelfs dan was het erg moeilijk. Ze bekommerde zich nooit om Haar lichamelijke behoeften. De meeste tijd was Amma in goddelijke vervoering verzonken.

De Krishna en Devi Bhava's werden drie nachten in de week gemanifesteerd (op dinsdag, donderdag en zondag). Op al deze dagen besteedde Amma twaalf tot dertien uur aan het ontvangen van mensen. Op Bhava darshandagen begonnen de avondbhajans om half vier of vier uur 's middags en duurden tot zes uur 's middags. De eerste helft van de nacht was er Krishna Bhava, dat gewoonlijk om half zeven begon en de tweede helft was er Devi Bhava. Stel dat er tweeduizend mensen waren. Alle tweeduizend zouden tweemaal naar Amma gaan, eerst naar Krishna en dan naar Devi. Soms eindigde de Devi Bhava om zeven of acht uur 's morgens.

In die dagen stonden slechts een paar gezinnen heel dicht bij Amma; dat wil zeggen slechts een paar gezinnen hadden het grote geluk te begrijpen dat Amma in de hoogste staat van spirituele realisatie verbleef. Het gezin dat Amma naar de beroemde Devi-tempel uitnodigde was één van die gezinnen. In het begin toonde Amma helemaal geen interesse om te gaan, maar zoals altijd gaf Zij ten slotte toe aan hun onschuldige smeekbeden.

Over tempels heeft Amma eens gezegd: "De uiterlijke tempel is voor degenen die de voortdurende aanwezigheid van God in hun eigen hart niet hebben gerealiseerd. Als die realisatie eenmaal plaats heeft gevonden, vervult Gods aanwezigheid alles, zowel binnen als buiten. Voor zo iemand wordt elke plaats, elk deeltje van dit universum een tempel."

Om dit te illustreren vertelt Amma het volgende verhaal.

"Namdev was een hoog ontwikkelde volgeling van Heer Krishna. De Heer Zelf had hem opgedragen om te gaan en zich aan een zekere verlichte ziel over te geven (Vishobukechara), die

196

aan de rand van een dorp in een Shivatempel verbleef. Toen de volgeling bij de tempel kwam, zag hij een oude man in het binnenste heiligdom liggen met zijn voeten rustend op de *Shiva lingam*. Namdev werd woedend bij het zien van zo'n heiligschennis en klapte luid in zijn handen om de oude man wakker te maken. De oude man hoorde het lawaai en opende zijn ogen. Hij keek naar de nieuwkomer en zei: "O ja! Jij bent Namdev die Vittal[14] heeft gestuurd, nietwaar?" De volgeling was verbaasd en wist dat hij voor een grote ziel stond. Maar toch was er iets wat hij niet kon begrijpen en hij zei tegen de oude man: "U bent ongetwijfeld een groot iemand, maar ik begrijp niet hoe u uw voeten op de lingam kunt laten rusten." De heilige antwoordde: "O, liggen ze op de lingam? Dat wist ik niet. Wees zo vriendelijk en haal ze ervan af. Ik ben te moe," zei de heilige. Namdev tilde de benen van de oude man van de lingam en legde ze op de vloer, maar tot zijn verbazing verscheen een Shiva lingam overal waar hij ze neerlegde. Namdev verplaatste de voeten van de heilige naar verschillende plaatsen, maar altijd verscheen er een Shiva lingam precies op de plaats waar de voeten de grond raakten. Ten slotte legde Namdev ze in zijn eigen schoot en toen hij dit deed, bereikte hij de staat van Shiva.

Een ware *Mahatma* is God Zelf. Hij hoeft niet naar een tempel of plaats van verering te gaan, omdat de plaats waar hij woont op zichzelf een tempel is. Maar soms bezoekt hij heilige plaatsen om een voorbeeld te stellen."

Amma bezocht echter de tempel om de volgelingen gelukkig te maken. Toen ze bij de tempel aankwamen, liepen ze naar boven en stonden voor de ingang. Hiervandaan konden ze door de deuropening, die naar het binnenste heiligdom leidde, duidelijk het beeld van Devi, de Goddelijke Moeder, zien. Toen Amma het beeld van Devi zag, kwam Ze onmiddellijk in de toestand

---

[14] Een aspect van Heer Krishna.

van *samadhi* en bleef toen meer dan anderhalf uur absoluut stil staan. De leden van de familie schrokken hiervan erg. Amma bleef waar Ze was, onbeweeglijk als een berg. Wat hen erg verraste was de houding waarin Ze stond. Amma stond in precies dezelfde houding als de Goddelijke Moeder binnen in het heiligdom.

De familie vroeg zich af hoe ze Amma weer naar Haar normale, uiterlijke bewustzijn terug konden brengen, toen plotseling een vrouw van middelbare leeftijd hen benaderde. Ze had een waardige blik op haar gezicht, maar ze leek ook erg toegewijd en oprecht. Op een gebiedende toon zei ze tegen het gezinshoofd: "Ziet u niet dat die (wijzend naar Devi in het binnenste heiligdom) en deze (wijzend naar Amma die in diepe *samadhi* was) één en dezelfde zijn? Zing de *Minakshi Stotram!*" De echtheid van de woorden van de vrouw waren zodanig dat het gezinshoofd als een gehoorzaam kind spontaan de oude Sanskriet hymne voor de Goddelijke Moeder begon te reciteren.

Minakshi Stotram

> *O Sri Vidya,*
> *die de linkerkant van Shiva versiert[15],*
> *die door de Koning van de Koningen wordt vereerd,*
> *die de belichaming van alle goeroes is*
> *te beginnen met Heer Vishnu,*
> *schatkist van Chintamani,*
> *wens vervullend goddelijk juweel,*
> *wier voeten vereerd worden*
> *door de Godin Saraswati en de Godin Girija,*
> *gemalin van Shambho, het lieve hart van Shiva,*
> *die oogverblindend als de middagzon is,*
> *de dochter van Koning Malayadwaja,*
> *red mij, O Moeder Minakshi.*

---

[15] D.w.z. die de gemalin van Shiva is.

Terwijl hij de stotram reciteerde, bleef de vrouw in een diepe vrome stemming met haar ogen gesloten en haar handen gevouwen staan.

Na een paar minuten keerde Amma naar Haar normale bewustzijnstoestand terug, maar Ze bleef op dezelfde plaats staan terwijl Ze van links naar rechts wiegde. Haar blik was nog steeds op het beeld van Devi gericht of op iets anders, het was onmogelijk te zeggen waarop precies. Het gezin hield ten slotte op met reciteren.

De onbekende vrouw die het gezin verteld had om de *Minakshi Stotram* te zingen, viel voor Amma's voeten neer en bleef daar lange tijd liggen totdat Amma zich bukte en haar liefdevol naar Zich toe trok. Er stond een buitengewone uitdrukking van liefde op Amma's gezicht toen Ze naar het gezicht van de vrouw keek. De vrouw scheen in een gelukzalige toestand te verkeren. Amma bleef lange tijd naar haar kijken. Ten slotte legde Ze zachtjes het hoofd van de vrouw tegen Haar schouder. De vrouw huilde van gelukzaligheid toen ze tegen Amma's schouder rustte. Niemand wist wie de vrouw was of waar ze vandaan kwam.

Dit is slechts één van de vele dergelijke voorvallen die zich rondom Amma hebben voorgedaan. De vrouw die op dat moment naar de tempel gekomen was, was als een goddelijke boodschapper die iedereen eraan wilde herinneren en vooral het gezin dat Amma de Hoogste Godin Zelf is.

Daarom hield de brahmachari die nog een vraag wilde stellen, zich plotseling in en keek naar Amma. Hij wilde er zeker van zijn dat Amma in Haar normale bewustzijnstoestand was. Toen hij zag dat Amma bereid was om zijn vraag te beantwoorden ging hij door.

Gehechtheid aan een Satguru is gehechtheid aan God

Vraag: "Amma, ik vraag me nog steeds af of die gehechtheid aan de uiterlijke vorm van de Meester nodig is of dat alleen het verlangen om God te realiseren genoeg is om het uiteindelijke doel te bereiken?"

Amma: "Kinderen, ten eerste moet jullie bedenken dat gehechtheid aan de Meester gehechtheid aan God is. Jouw probleem is dat je onderscheid probeert te maken tussen God en een ware Meester. Gehechtheid aan de fysieke vorm van een ware Meester versterkt het verlangen om het Hoogste te realiseren. Het is als leven met God. Hij maakt je spirituele reis veel gemakkelijker. Zo'n Meester is zowel het middel als het doel. Maar tegelijkertijd moet je er bewust moeite voor doen om de Meester in de hele schepping te zien. Men moet ook proberen zijn best te doen om de woorden van de Meester te gehoorzamen en zijn instructies op te volgen.

Heb je enig idee over God of de hoogste toestand van realisatie? Je hebt erover gehoord en erover gelezen, dat is alles. Alles wat je hebt gehoord en gelezen waren alleen maar woorden. Maar de ervaring is iets ver daarboven. Het is een onbegrijpelijk mysterie.

Je kunt de toestand van Godsbewustijn niet ervaren enkel door je zintuigen of door de geschriften die je hebt geleerd. Om het te ervaren moet je een nieuw oog ontwikkelen, het innerlijke of derde oog. De twee ogen die je nu hebt moeten één worden, alleen dan kun je God zien. Dit betekent dat je de dualistische wereld niet moet zien ook wanneer je alles met beide ogen ziet. Alle dualiteit verdwijnt en je aanschouwt de eenheid van de schepping, het hele universum. Het innerlijke oog, of het oog van de ware kennis, kan alleen door een ware Meester geopend worden."

Deze uitspraak van Amma herinnert ons aan het bekende gezegde van Sri Krishna, de volmaakte Meester, aan zijn leerling Arjuna:

"Je kunt Mij niet ervaren louter met je fysieke oog.
Daarom geef ik je de kracht van het goddelijke zien.
Neem Mijn kracht waar als de Heer van alles."

Bhagavad Gita, hoofdstuk 11, vers 8.

Amma vervolgde: "Je kunt een verlangen hebben om God te realiseren, maar dit duurt misschien niet lang, omdat de intensiteit verzwakt, behalve als je een erg bekwame leerling bent. Je verlangen zal komen en gaan, het zal erg instabiel zijn. Zelfs als je je verlangen kunt handhaven, kun je toch een intense drang hebben om van de genoegens in de wereld te genieten. Je weet niet hoe je een evenwicht tussen de innerlijke en de uiterlijke wereld moet scheppen. Als de Meester er niet is om je van tijd tot tijd te begeleiden, kun je van het pad afdwalen, je kunt de verkeerde richting op gaan of je kunt midden in je reis ophouden en in de wereld terugvallen. Je zult dan al je vertrouwen verliezen en denken dat er niet zo'n toestand als Gods- of Zelfrealisatie is.

Gehechtheid aan de uiterlijke vorm van de Meester is als de gehechtheid van de *gopi's* aan Krishna's vorm of de gehechtheid van Hanuman aan Rama's vorm of de gehechtheid die de discipelen van Boeddha en Jezus jegens hen hadden. Deze discipelen leefden met God. In de fysieke aanwezigheid van een ware Meester leven en aan zijn uiterlijke vorm gehecht zijn is als het leven met en het gehecht zijn aan Zuiver Bewustzijn of het Allerhoogste. Het inspireert je en het schept een intens verlangen in je en je zult dan in staat zijn om die intensiteit te handhaven. Wanneer je onder het toeziend oog van de Meester bent, kun je niet van het pad afdwalen, mits je in vertrouwen, overgave en gehoorzaamheid aan de woorden van de Meester leeft.

Gehecht zijn aan de uiterlijke vorm van een Satguru is als het rechtstreeks contact hebben met de hoogste Waarheid. De aanwezigheid van zo'n Groot Wezen is zo vervuld van Goddelijkheid dat je het in je hart voelt, je het met je ogen ziet en je het overal waarneemt. Het is een tastbare gewaarwording die je door het hele wezen van de Meester ervaart, wanneer je in zijn ogen kijkt, wanneer je zijn aanraking voelt, zijn handelingen bekijkt en naar zijn woorden luistert.

Iedereen wil aan iemand gehecht zijn: een vriend of een vriendin, een echtgenoot of een echtgenote. Kinderen klampen zich vast aan hun ouders of aan hun speelgoed of ze verlangen het gezelschap van hun broers en zussen, en mensen willen vriendschap. In de wereld zijn ontelbare dingen om de menselijke geest bezig te houden. Ondernemingen en zakenmensen maken voor dit doel constant nieuwe producten. In hun zoeken naar geluk (d.w.z. in hun behoefte om hun geest tot rust te brengen) rennen mensen van het ene voorwerp naar het andere. Maar spoedig verveelt het voorwerp hen en ze zijn dan genoodzaakt om achter iets nieuws aan te hollen. Zo houdt het zoeken nooit op.

Wanneer er iets nieuws op de markt komt, bijvoorbeeld als er een nieuwe film wordt uitgebracht, wordt je geest opgewonden en wil je die zien. Hoe meer je over de film hoort, hoe grager je de film wilt zien. En wanneer je verlangen vervuld is, komt de zeurende geest even tot rust totdat je over een andere film of over iets anders hoort. Dit is de aard van de geest. Hij kan niet stil zijn, hij kan niet alleen bij zichzelf zijn en gelukkig zijn. Als hij niets heeft om gehecht aan te zijn, word je buitengewoon onrustig. De geest schept een aaneenschakeling van gehechtheden. De mensen leven in een fantasiewereld en bouwen luchtkastelen. Als ze niet kunnen dromen of niets hebben om over te denken, kunnen ze gek worden of zelfmoord plegen.

Alle dingen en ervaringen die je in de wereld krijgt, zullen je gaan vervelen. Je kunt nooit voor enige tijd bij iets blijven. Je moet doorgaan, omdat de geest voortdurend van het ene ding naar het andere beweegt; hij dwingt je van het ene ding naar het andere te springen. Verveling zal in iedere wereldse situatie opkomen door de onophoudelijke eisen van de geest. Daarom proberen de mensen in het Westen verschillende vrienden en vriendinnen, echtgenoten en echtgenotes of een nieuw huis in een andere stad. Ze willen nieuw dingen uitproberen, nieuwe relaties, omdat ze gemakkelijk verveeld raken met het oude en vertrouwde. De geest is gehecht aan duizend verschillende dingen en het trekt je in alle richtingen.

Omdat de geest altijd besluiteloos en vol negativiteit is, kan zelfs het spirituele verlangen dat je nu ervaart, verdwijnen, omdat je huidige verlangen naar realisatie uit je geest afkomstig is. Op een dag kun je plotseling verveeld raken, omdat het de aard van de geest is om van alles verveeld te raken en omdat hij altijd iets nieuws wil. Als je niets hebt om je aan vast te houden of een band mee te hebben, zal ook het spirituele leven gaan vervelen.

Om je geest stabiel en rustig te maken, moet je aan iets gehecht zijn wat hoger is dan de geest. De geest is de rumoerigste plek ter wereld. De geest zal niet stil zijn, tenzij er iets is waarover hij echt kan contempleren of mediteren. Maar het object van je meditatie of contemplatie mag niet iets bekend zijn, want dan zal de geest spoedig verveeld raken.

Het verlangen naar Godsrealisatie dat je nu hebt, is misschien slechts één gehechtheid uit de vele. Je kunt sterke verleidingen niet lang weerstaan. In je huidige mentale toestand zijn je andere gehechtheden veel sterker dan je gehechtheid aan Godsrealisatie. Het verlangen dat je nu voelt, zou van enige opwinding en bekoring afkomstig kunnen zijn die je op een bijzonder inspirerend moment hebt gevoeld. Het kan spoedig wegebben, omdat verveling moet optreden als je geen veel krachtigere en verleidelijkere aantrekkingskracht voelt. Die aantrekkingskracht is je gehechtheid aan de uiterlijke vorm van de Meester. Die gehechtheid compenseert alle andere gehechtheden. Als je door de uiterlijke vorm van de Meester aangetrokken en gehecht wordt, ontwikkel je een bijzonder vermogen om alle andere aantrekkelijkheden te weerstaan. De fysieke aanwezigheid van de Meester is doordrongen van Goddelijkheid, zodat er geen kans op verveling bestaat, omdat verveling alleen maar voorkomt als de geest bezig is met uiterlijke objecten, ervaringen en ideeën. De geest raakt gemakkelijk verveeld door uiterlijke dingen, omdat het ware geluk niet de aard is van iets dat tot de wereld behoort. Een Satguru daarentegen is de bron van eeuwige gelukzaligheid en geluk. Zijn diepste wezen is onsterfelijk en als men nieuwsgierig genoeg is, kan men in zijn aanwezigheid zien hoe het oneindige zich op ontelbare manieren ontvouwt. Daarom is verveling in aanwezigheid van een Meester heel zeldzaam. Hij is de belichaming van het Goddelijke en verveling kan zich niet voordoen als men openstaat voor zijn aanwezigheid die goddelijk is. Gehechtheid aan de fysieke vorm van de Meester vult het hart van de leerling met liefde, enthousiasme, tevredenheid en een gevoel van frisheid. De Meester zelf doordringt de leerlingen van deze eigenschappen. Steeds wanneer de leerling zich depressief en mismoedig voelt, tilt de Meester hem, door zijn onvoorwaardelijke liefde en mededogen of door de leerling een inspirerende ervaring te geven, uit zijn negatieve toestand en moedigt hem aan om met nieuwe vastberadenheid en enthousiasme verder te gaan. Dit helpt de onrustige geest van de leerling stabiel en rustig te maken, omdat de aanwezigheid van een ware Meester de enige plek is waar de rusteloze geest eeuwig kan rusten zonder verveeld te raken.

Spiritualiteit is niet een waarneembaar feit, zoals de zon en de maan, de bergen en rivieren. Spiritualiteit is vertrouwen. Alleen volledig, onverdeeld vertrouwen kan iemand helpen het doel te bereiken.

Iedere mens in de wereld is ofwel intellectueel of emotioneel. Het is moeilijk voor intellectuelen om te geloven, omdat ze alleen in zichtbare dingen geloven. Omdat God onzichtbaar is, moet men voor het geloof in Zijn bestaan uitsluitend van vertrouwen afhankelijk zijn, en vertrouwen is geen intellectueel proces. Hoewel emotioneel ingestelde mensen gemakkelijker kunnen geloven, is het voor hen ook niet gemakkelijk om volkomen te geloven, omdat hun vertrouwen niet onverdeeld is. Hun vertrouwen is slechts gedeeltelijk tengevolge van hun twijfelende geest. En zodra ze verveeld beginnen te raken, zullen ze naar iets anders zoeken om hun vertrouwen aan vast te pinnen.

Zowel intellectuele als emotionele mensen hebben solide en zichtbare bewijzen nodig om te geloven en hun vertrouwen te versterken. Anders zullen ze maar een beetje interesse ontwikkelen, een beetje verlangen krijgen om God te realiseren en als ze na een poosje geen echte ervaring krijgen of een tastbare aanwezigheid van God voelen, keren ze misschien terug en zeggen: "Dit is gewoon onzin. Er bestaat niet zoiets als God of Godsrealisatie." Natuurlijk zit het probleem in hun eigen geest en in hun gebrek aan geduld, maar toch, als ze iets hebben waaraan ze zich kunnen verbinden, voelen ze zich gerustgesteld en geïnspireerd. Dat zal hen helpen om in het spirituele leven te blijven en volgens de beginselen ervan te leven. Maar dit is alleen maar mogelijk in de aanwezigheid van een ware Meester, door een persoonlijke relatie met hem te ontwikkelen en door gehechtheid aan zijn uiterlijke vorm te creëren. Door dit te doen breng je een relatie met God tot stand, het Hoogste Bewustzijn, je eigen innerlijke Zelf. Dit is niet hetzelfde als gehechtheid ontwikkelen aan een gewoon iemand; het is een relatie die je zal helpen om onder alle omstandigheden onthecht te zijn. Het maakt je geest gereed om de laatste sprong naar Godsbewustzijn te nemen."

Er daalde een stilte over de toehoorders neer. Amma's krachtige woorden leken overal te weerklinken, in het hart van degenen die hadden geluisterd maar ook buiten in de fysieke omgeving. Er heerste een bezielde meditatieve atmosfeer, alsof die een tastbare ervaring wilde geven van wat Amma vertelde, het belang van de fysieke aanwezigheid van een grote *Mahatma*, het belang om aan Haar uiterlijke vorm gehecht te zijn en de noodzaak om een persoonlijke relatie met de fysieke belichaming van God te hebben.

Hoofdstuk 16

Amma, de verlosser van de ziel

Amma zat met enkele ashrambewoners en een aantal volgelingen voor de tempel onder de kokospalmen. Amma sprak met de gehuwde volgelingen over verschillende onderwerpen. Plotseling richtte Amma zich tot Balu en zei: "Ottoormon (mijn zoon Ottoor) wil Amma zien. Breng hem hier." Balu stond op en ging Ottoor halen. Ottoor woonde in een speciaal voor hem gebouwde kamer boven de ondergrondse meditatiekamertjes achter de oude tempel.

Ottoor Unni Nambootiripadu was een bekende dichter en Sanskriet geleerde in Kerala. Hij was een autoriteit op het gebied van de *Srimad Bhagavatam* die voornamelijk de *Avatars* van Vishnu beschrijft, vooral die van Heer Krishna en diens grappen in Zijn kinderjaren. Ottoors prachtige gedichten die Krishna verheerlijken zijn beroemd in heel India en volgelingen van Krishna mogen ze erg graag. Als vertolker van de *Srimad Bhagavatam* en ook als talentvol dichter en auteur heeft Ottoor vele eretitels en onderscheidingen ontvangen zowel van de nationale als van de staatsregering. Hij was een grote volgeling van Heer Krishna en was nauw verbonden aan de beroemde Guruvayoor tempel in Kerala. Het volgende lied, *Kannante Punya,* geeft de lezer een idee van de prachtige composities en de toewijding van de gezegende dichter.

> *Wanneer zal ik de voorspoedige namen van Kanna*
> *in mijn oren horen klinken?*
> *En bij het horen ervan*
> *wanneer zullen mijn haren te berge rijzen*

en wanneer zal ik helemaal in tranen ondergedompeld zijn?

Door in tranen ondergedompeld te zijn
wanneer zal ik zuiver worden?
En in die toestand van absolute zuiverheid
wanneer zal ik Zijn namen spontaan zingen?

En terwijl ik in extase zing
wanneer zal ik de aarde en de hemel vergeten?
En door alles te vergeten
wanneer zal ik in volledige toewijding dansen?
En zullen, terwijl ik dans, mijn passen
de smet wegvegen van het wereldse toneel?

In die speelse dans
waarin ik alle smet wegveeg,
zal ik luid schreeuwen.
En zal door dat geschreeuw,
mijn zuiverheid in de
acht richtingen worden gestuurd?

En wanneer het spel is opgevoerd,
wanneer zal ik uiteindelijk
in mijn Moeders schoot vallen?
En liggend in mijn Moeders schoot,
wanneer zal ik gelukzalig slapen?

Terwijl ik slaap
wanneer zal ik dromen
van de schitterende vorm van Sri Krishna
die in mijn hart verblijft?
En als ik wakker word
wanneer zal ik Sri Krishna zien,
de Bekoorder van de wereld?

Dit lied werd vijfentwintig jaar voor de incarnatie van de Heilige Moeder op aarde door de grote dichter geschreven. Achter dit lied schuilt een heel aangrijpend en prachtig verhaal. Het toont hoe een incarnatie van God de oprechte en innige gebeden van een ware volgeling vervult. In dit gedicht zegt hij: "En wanneer het spel is opgevoerd, wanneer zal ik uiteindelijk in mijn Moeders schoot vallen? En liggend in mijn Moeders schoot, wanneer zal ik gelukzalig slapen?"

Ottoor ontmoette Amma voor het eerst in 1983. Hij was voor de viering van Amma's dertigste verjaardag uitgenodigd. Ottoor had van één van Amma's volgelingen over Haar gehoord toen hij een bezoek aan Trivandrum bracht. Hij voelde onmiddellijk een intens en spontaan verlangen om Haar te ontmoeten. Ottoor voelde sterk dat Amma de goddelijke incarnatie van de hoogste Godin en ook van Heer Krishna was, zijn geliefde godheid. Zodoende bezocht hij Amma op Haar verjaardag op 27 september 1983. En toen Ottoor Amma eenmaal had ontmoet, werd hij, de vijfentachtigjarige volgeling, dichter en geleerde, als een tweejarig kind, dat voortdurend hunkerde naar de zorg en aandacht van zijn Moeder. Hij besefte dat hij ten langen leste zijn bestemming had bereikt en besloot de rest van zijn leven bij Amma door te brengen. Vanaf toen begon hij ook gedichten over Amma te schrijven.

De relatie tussen Amma en de vijfentachtigjarige dichter was uniek, iets heel bijzonders en buitengewoon mooi. Amma waardeerde zijn kinderlijke aard heel erg en gaf hem de troetelnaam 'Unni Kanna' (baby Krishna).

Zoals een kind vroeg hij alles eerst aan Amma voor hij iets deed. Als hij een speciaal medicijn wilde innemen, wilde hij eerst Amma's toestemming hebben voordat hij het innam. Zelfs als hij andere badzeep wilde gebruiken of zijn dieet wilde veranderen, vroeg hij eerst om Amma's toestemming. Alleen als Amma ja zei, deed hij het. Anders deed hij nooit iets afwijkends. Soms wilde hij dat Amma hem te eten gaf. Andere keren wilde hij in Haar schoot liggen. Regelmatig kon men hem in zijn kamer met luide stem "Amma, Amma" horen roepen. Hij deed dit telkens als hij een sterk verlangen had om Haar te zien. Als Amma op die momenten toevallig in de buurt was, ging Ze naar hem toe in zijn kamer. Als Amma in Haar kamer was en niet in de buurt, stuurde Ze hem door Gayatri of iemand anders wat *prasad*. Omdat Amma zich bewust was van zijn kinderlijke aard, stuurde Ze iemand om hem naar de hut te brengen waar Ze *darshan* aan de volgelingen gaf. Ze overlaadde hem dan met veel liefde en genegenheid en liet hem heel dicht bij Haar zitten. Op die momenten vergat Ottoor, die altijd over zijn lichamelijke toestand klaagde, zijn lijden. Hij hield er altijd veel van om dicht bij Amma te zitten. Ottoor zei dan vaak: "Ik krijg zoveel energie als ik naast Amma zit."

Deze zeldzame moeder-kindrelatie gaat het menselijk verstand te boven. De vijfentachtigjarige vermaarde dichter die Amma, die toen slechts dertig jaar was, 'Moeder' noemde, is misschien voor de menselijke geest moeilijk te begrijpen. Hoe kan het verstand zo'n mysterie begrijpen? Voor Ottoor Unni Nambootiripadu was Amma zowel zijn Goeroe als God. In Amma zag hij zowel Heer Krishna, zijn geliefde godheid, als de Moeder van het Universum. Dit kwam duidelijk tot uitdrukking in al zijn composities over Amma met inbegrip van de honderdenacht Namen van Amma die door hem geschreven zijn. Het volgende lied over Amma is door Ottoor geschreven.

> *O Moeder,*
> *U bent de belichaming van zowel Krishna als Kali.*
> *O Moeder,*
> *U heiligt de werelden met Uw glimlach*
> *en Uw lied,*
> *met Uw blik, Uw aanraking en Uw dans,*

met Uw verrukkelijk spreken,
door de aanraking van Uw heilige voeten,
en door de nectar van Uw liefde.

O Moeder,
die de hemelse kruipplant is
en vreugdevol en rijkelijk
alle purushartha's schenkt
van dharma tot moksha
aan alle bewuste en niet bewuste wezens
vanaf Heer Brahma tot en met een grasspriet.

O Moeder,
die de drie werelden verwondert,
en alle mensen
en de bijen en de vogels,
de wormen en de bomen
overstroomt met de onstuimige golven van Uw liefde.

Ottoor had slechts één wens. Telkens als hij Amma's *darshan* ontving, was zijn enige gebed: "Amma, wanneer ik mijn laatste adem uitblaas, laat mijn hoofd dan in Uw schoot rusten. Dit is mijn enige wens, mijn enige gebed. O mijn Moeder, laat mij alstublieft sterven met mijn hoofd in Uw schoot." Deze smeekbede werd telkens vurig tegen Amma herhaald als hij Haar ontmoette. De dichter herhaalde zijn gebed zo vaak, dat zijn wens bij praktisch alle volgelingen van Amma en zijn eigen bewonderaars bekend was.

Spoedig nadat Ottoor Amma had ontmoet, werd hij een vaste bewoner van de ashram. Hij had een zeer gelukkige en tevreden tijd in de ashram. Hij zei altijd: "Nu weet ik dat God me niet heeft verlaten, omdat ik in Zijn aanwezigheid leef en me in Zijn goddelijke liefde koester. Ik was heel teleurgesteld als ik eraan dacht dat ik niet met Krishna of Chaitanya Mahaprabhu[16] of welke *Mahatma* dan ook kon zijn. Maar nu voel ik dat niet meer, omdat ik geloof dat Amma ze allemaal is."

Juist voor Amma's derde wereldtournee in 1989, ging Ottoors gezondheid hard achteruit. Zijn lichaam viel uiteen en hoewel Amma alle noodzakelijke afspraken voor zijn behandeling maakte, knapte Ottoor niet op. Hij werd erg zwak en zijn gezichtsvermogen ging snel achteruit. Omdat hij niet goed kon zien, kon hij geen gedichten meer schrijven op de manier waarop hij dat vroeger deed. In in plaats daarvan dicteerde hij ze aan zijn neef Narayanan die ook Ottoors persoonlijke zaken regelde.

Hoewel Ottoors fysieke conditie slechter werd, veranderde zijn kinderlijke onschuld en zijn houding tegenover Amma helemaal niet. In feite werd het zelfs intensiever. Zijn welbekende smeekbede om in Amma's schoot te mogen sterven werd onophoudelijk. Toen zijn gezichtsvermogen erg slecht werd, zei Ottoor tegen Amma: "Het is best als Amma mijn uiterlijk gezichtsvermogen wil wegnemen. Maar Goddelijke Moeder van de hemelen, zegen Uw dienaar door de innerlijke duisternis weg te nemen en het innerlijk oog te openen. Weiger alstublieft het gebed van dit kind niet."

Hierop antwoordde Amma liefdevol: "Unni Kanna, wees niet bezorgd! Het zal pertinent gebeuren. Hoe kan Amma je onschuldige gebed weigeren?"

Precies een week voordat Amma vertrok voor Haar derde wereldtournee verslechterde Ottoors gezondheid plotseling. Zijn aandoening werd heel ernstig en hij was helemaal bedlegerig. Iedereen dacht dat hij zou sterven. Ottoor was niet bang voor de dood. Zijn enige angst was dat hij zou sterven als Amma in het buitenland was. Hij vertelde deze angst aan Amma en zei: "Amma, ik weet dat U overal bent en dat Uw schoot zo groot is

---

[16] 1485-1535

als het universum. Toch smeek ik U om fysiek aanwezig te zijn als ik mijn lichaam verlaat. Als ik sterf terwijl U weg bent, zal mijn wens om in Uw schoot te sterven niet vervuld worden." Amma liefkoosde hem teder en antwoordde met grote autoriteit: "Nee, mijn zoon Unni Kanna, dat zal niet gebeuren! Je kunt er zeker van zijn dat je alleen na Amma's terugkomst je lichaam zult verlaten." Dit was een grote troost voor Ottoor. Omdat deze verzekering rechtstreeks van Amma's eigen lippen kwam, geloofde Ottoor vast dat de dood hem niet kon raken voordat Amma terugkwam.

Nadat Amma drie maanden de wereld rondgereisd had, keerde Ze in augustus naar de ashram terug. Tijdens Amma's afwezigheid werd Ottoor thuis behandeld bij een Ayurvedische dokter, die ook een vurige volgeling van Amma was. Hij zorgde heel goed voor de dichter en Ottoors gezondheid ging enigszins vooruit, maar na een tijdje ging die toch weer achteruit. Amma vroeg toen Ottoor om naar de ashram terug te keren, omdat de tijd dat hij zijn lichaam zou verlaten naderbij kwam.

Tijdens Krishna's verjaardag zat Ottoor naast Amma en nam deel aan alle festiviteiten die plaatsvonden. De dag na Krishna's verjaardag was het een Devi Bhava dag. De Bhava *darshan* eindigde om half drie 's morgens, waarna Amma naar de kamer van Ottoor ging. Hij was erg zwak maar enorm gelukkig om Amma te zien. De grote dichter huilde als een kind en smeekte tot Amma: "O Amma, Moeder van het Universum, roep me alstublieft terug! Roep me alstublieft snel terug!" Zoals een moeder voor haar kind zorgt, kalmeerde Amma de dichter en wreef hem over zijn borst en voorhoofd en streelde zijn hoofd met overstromende liefde en mededogen.

Een volgeling had Amma die dag een nieuwe zijden matras geschonken. Zij vroeg aan brahmacharini Gayatri om de matras naar Ottoors kamer te brengen. Gayatri ging weg en kwam spoedig met de matras terug. Amma tilde Ottoors dunne en tere lichaam van het bed en als een moeder die een baby in haar armen draagt, hield Amma Ottoor in Haar armen, terwijl Gayatri, Balu en Narayanan de nieuwe matras op het ledikant legden. Toen Ottoor deze uiting van oneindig groot mededogen ervoer, riep hij uit: "O Amma, Moeder van het Universum, waarom overlaadt U dit onwaardige kind met zoveel liefde en mededogen? O Amma, Amma, Amma..."

Amma legde hem zachtjes op bed en zei: "Unni Kanna, mijn zoon, slaap lekker. Amma zal in de morgen terugkomen."

"O Amma, breng me in de eeuwige slaap", antwoordde Ottoor. Amma streelde Ottoor nogmaals liefdevol voordat Ze de kamer verliet.

Die nacht dicteerde de dichter een laatste lied:

> *Door me te behandelen en te hopen op genezing*
> *gaven de artsen hun nederlaag toe.*
> *Heel mijn familie is moedeloos geworden.*
> *O Moeder, leg me in Uw schoot met tedere liefde.*
> *Behoed me en laat me nooit in de steek.*
>
> *O Saradamani, O Sudhamani, O Heilige Moeder,*
> *Leg me liefhebbend in Uw zachte Schoot.*
> *Onthul de maan van Ambadi op Uw gezicht.*
> *Talm niet om mij met onsterfelijkheid te zegenen.*
>
> *Onthul Oom Maan, Nanda's zoon,*
> *op Uw liefelijk gezicht*
> *en leg deze kleine Kanna in Uw schoot.*
> *O Moeder, wieg hem in slaap.*

Om zeven uur de volgende morgen, vrijdag de 25 augustus 1989, liet Amma Narayanan bij Zich komen. Toen hij kwam, vertelde Ze hem dat Ottoor binnen een paar uur zijn lichaam zou verlaten. Amma vertelde verder aan Narayanan dat hij bij zijn oom moest nagaan of hij zijn sterfelijk omhulsel in de ashram of in zijn geboorteplaats wilde laten begraven. Narayanan ging terug naar de kamer en bracht aan zijn oom over wat Amma had gezegd. Hoewel zijn stem erg zwak was, antwoordde Ottoor duidelijk terwijl hij nadrukkelijk met zijn hand gebaarde: "Ik wil hier begraven worden, in deze heilige grond. En nergens anders."

Omstreeks tien uur vroeg Ottoor aan Brahmacharini Leela [17], die naast hem stond, om Amma te halen. Maar Leela besteedde niet veel aandacht aan Ottoors verzoek; ze had een medicijn in haar handen en legde aan Narayanan uit wat de dosering was. Ten slotte gaf Ottoor Leela een flinke duw en gebaarde: "Geen medicijnen meer! Ga en haal Amma!" Leela verliet de kamer en de minuten daarna kon men duidelijk Ottoors lippen zien bewegen toen hij voortdurend "Amma, Amma, Amma..." herhaalde. Tijdens dit herhalen kwam Ottoor in een soort toestand van *samadhi* terecht.

Op dat moment was Amma in Haar kamer. Toen Leela de deur binnenkwam, zei Amma tegen Gayatri en Leela: "Over een paar minuten zal Ottoormon zijn lichaam verlaten. Maar het is voor Amma nog niet de tijd om te daar te zijn. Nu is zijn geest helemaal op Amma gericht. Deze intense gedachte zal zijn hoogtepunt bereiken in een toestand van *layana* (samenvloeien). Als dit gebeurt, zal Amma naar hem toegaan. De intensiteit zou minder worden als Amma eerder naar hem toegegaan zou zijn." Even later verliet Amma Haar kamer en ging gevolgd door Leela naar Ottoors kamer. Amma kwam met een stralende glimlach Ottoors kamer binnen en ging dicht bij Ottoor op het bed zitten. Met een buitengewone gloed op Haar gezicht bleef Ze naar het gezicht van Haar Unni Kanna staren, alsof ze tegen hem zei:

---

[17] Brahmacharini Leela heet tegenwoordig Swamini Atmaprana. Voorheen was zij praktiserend arts.

"Kom mijn zoon! Mijn lieve Unni Kanna, kom en ga in Mij op, je eeuwige Moeder." Zoals Amma eerder in Haar kamer had voorspeld, lag Ottoor in een toestand van *layana*. Amma liefkoosde hem en wreef met overstelpende liefde en mededogen over zijn hoofd en borst. Hoewel Ottoor in een toestand van *samadhi* was, bleven zijn ogen half geopend. Er was geen teken van pijn of strijd op zijn gezicht te zien. Men kon gemakkelijk zien hoe hij in gelukzaligheid verzonken was. Langzaam bewoog Amma dichter naar zijn hoofd. Zij tilde zachtjes zijn hoofd op en legde het in Haar schoot. En terwijl Amma het hoofd van Haar lieve zoon in Haar schoot hield, hield Zij Haar rechter hand op zijn borst en bleef naar zijn gezicht staren.

Toen de grote dichter volgeling, Amma's Unni Kanna, in Haar schoot lag, streelde Amma zachtjes zijn oogleden en ze werden voor eeuwig gesloten. Ottoor verliet zijn lichaam en zijn ziel smolt voor eeuwig met Amma samen. Amma boog voorover en gaf een liefdevolle, tedere kus op zijn voorhoofd.

Zodoende werd de laatste regel van zijn eigen compositie *Kannante Punya*, die hij vijfentwintig jaar voor Amma's incarnatie had geschreven, door de uiterst meedogende Moeder van het Universum vervuld:

En wanneer het spel is opgevoerd, wanneer zal ik uiteindelijk in mijn Moeders schoot vallen? En liggend in mijn Moeders schoot, wanneer zal ik gelukzalig slapen? Terwijl ik slaap, wanneer zal ik dromen van de schitterende vorm van Sri Krishna, die in mijn hart verblijft? En als ik wakker word, wanneer zal ik Sri Krishna zien, de Bekoorder van de wereld?

Dit voorval is een groot voorbeeld van hoe een *Satguru*, die niets anders dan God Zelf is, de verlangens van een oprechte volgeling vervult.

Een ander veelbetekenend punt in dit voorval is Amma's antwoord op Ottoors vrees dat hij zijn lichaam zou verlaten terwijl

Amma op wereldtournee was. Zoals reeds gezegd, had Ze hierop geantwoord: "Nee, mijn zoon Unni Kanna, dat zal niet gebeuren! Je kunt er zeker van zijn dat je alleen na Amma's terugkomst je lichaam zult verlaten."

Wie kan zo'n verzekering geven dat iemand niet binnen een bepaalde periode zal sterven? Amma's antwoord klinkt zo stellig. Het is alsof de dood volkomen onder Haar controle staat als Ze zegt: "Tenzij ik het toesta, kun jij niet aan mijn geliefd kind komen." En de dood gehoorzaamde Haar! Wie anders kan de dood zo bevelen behalve Amma? Volgens Ottoor is Zij: "De Goddelijke Moeder van het Universum, die de volledige openbaring van de Absolute Waarheid (Brahman) is; die de belichaming is van bestaan, kennis en gelukzaligheid; die waarlijk de Hoogste Godin in menselijke vorm is." [18] Wie, behalve God alleen, kan zo'n bevel uitvaardigen? Alleen de Ene die boven de Dood is uitgestegen, kan zeggen: "Stop en wacht totdat ik zeg wanneer." Is dit niet wat hier gebeurde?

Na Ottoors overlijden, schreef N.V. Krishna Warrier, een bekende schrijver, taalkundige en geleerde in Kerala, een hoofdartikel over Ottoor in een grote krant. "Ottoor zag de Universele Moeder in de jonge Mata Amritanandamayi. Zij hield zoveel van de bejaarde Ottoor alsof hij haar eigen zoon was. Het was inderdaad een unieke Moeder-zoon relatie."

Laten we nu teruggaan naar die middag, een paar jaar voordat Ottoor zijn lichaam verliet. Balu keerde met Ottoor naar de kokosaanplant terug en hield de oude dichter bij zijn hand. Met veel toewijding en nederigheid viel Ottoor aan Amma's voeten neer. Toen hij voor Amma ter aarde lag, zei hij: "Amma, U wist dat deze dienaar U wilde zien. Ik verlangde ernaar om bij U te zijn. O Amma, U liet mij komen omdat U de wens van mijn hart kende. Amma, wees zo goed om Uw heilige voeten op mijn hoofd

---

[18] Uit de honderd en acht Namen.

217

te zetten." Amma lachte en zei: "Nee, nee Unni Kanna! Ze zijn erg vuil." Ottoor zei met een krachtige en verheven stem: "Wat zegt U? Vuil! Uw voeten? O Amma, zeg dat niet! Ik weet dat het vuil aan Uw voeten genoeg is om de duisternis van onwetendheid in de wereld te vernietigen. Zet alstublieft Uw voeten op mijn hoofd, anders zal ik niet opstaan."

Ten slotte moest Amma aan Ottoors wens toegeven en zette Haar voeten op zijn hoofd. Ottoor, de grote volgeling was ontroerd. Hij herhaalde luid: *"Anandoham, Dhanyoham, Anandoham"* (Gelukzalig ben ik, gezegend ben ik, gelukzalig ben ik). En terwijl hij dit herhaalde, nam hij het stof van Amma's voeten en veegde dat over zijn hele lichaam.

Ottoor knielde voor Amma en Zij omhelsde hem teder. De grote dichter keek als een onschuldig kind naar Haar en met tranen in zijn ogen zei hij: "O Amma, laat dit kind nooit in de steek. Laat me altijd in Uw goddelijke aanwezigheid zijn."

Verklarende woordenlijst

Abhaya mudra	Houding van de hand die het schenken van onbevreesdheid aanduidt.
Achara	Gebruikelijke voorschriften.
Arati	Ceremonie met het zwaaien van brandende kamfer, het luiden van bellen aan het einde van de verering, wat de volledige overgave van het ego aan God voorstelt.
Atma shakti	Energie van het Zelf of de Ziel.
Avatar	Incarnatie van God.
Bhajan	Devotioneel lied.
Darshan	Audiëntie bij een heilige of godheid.
Dharma	Rechtschapenheid, in overeenstemming met de Goddelijke Harmonie.
Jagrat	Waaktoestand.
Kirtan	Lied.
Lalita ashthottara	Honderd en acht namen van de Goddelijke Moeder Sri Lalita.
Layana	Samensmelting in Godsbewustzijn.
Leela/ Lila	Een goddelijk spel of voorstelling, verschijning.
Mahatma	Grote Ziel of Wijze; gerealiseerd iemand.
Maya	Illusie.
Moksha	Bevrijding van de cyclus van leven en dood.
Mudra	Houding van de hand die mystieke waarheden aanduidt.
Nirvana	Bevrijding van de cyclus van leven en dood.

Pada puja	Verering van de voeten van God of een heilige.
Panchamritam	Een zoete op jam lijkende substantie die in hindoetempels aan God wordt geofferd.
Parashakti	De Hoogste Energie of Godin.
Pitham	De zetel waarop Amma tijdens Devi Bhava zit.
Pralayagni	Het vuur van universele ontbinding aan het eind van de schepping.
Prasad	Gezegende offergave uitgereikt aan het eind van een ceremonie.
Puja	Rituele aanbidding
Punya	Verdienste; het tegenovergestelde van zonde.
Purnam	Vol of volmaakt.
Purusha	Mannelijk wezen; de Geest (Spirit) of God.
Purushartha's	De vier doeleinden van het menselijk leven: overvloed, vreugde, rechtschapenheid en bevrijding.
Rajas	Een van de drie eigenschappen of guna's van de natuur; de eigenschap van activiteit.
Sadhak	Spiritueel aspirant
Sadhana	Spirituele oefeningen
Sakshi bhava	De houding van getuige zijn.
Samadhi	Het verzinken van de geest in de Werkelijkheid of Waarheid.
Sankalpa	Een vastberaden besluit.
Sannyasi	Iemand die formele beloften van verzaking heeft afgelegd.
Sarvasakshi	Alom getuige zijn.

Sattva	Een van de drie eigenschappen of guna's van de natuur; de eigenschap van zuiverheid en rust.
Shiva lingam	Het symbool van Shiva, ovaal van vorm.
Sushupthi	De staat van diepe, droomloze staat.
Swapna	Droom
Tapas	Soberheid, ascese, ontbering ondergaan voor zelfzuivering.
Upanishaden	Het laatste deel van de Veda's dat gaat over de natuur van het Absolute Brahman, de Transcendente Werkelijkheid, het Ware Zelf.
Utsavam	Festival
Vahana	Voertuig of rijdier
Vasana's	Achtergebleven indrukken van objecten en handelingen die in het verleden zijn ervaren; gewoontes; neigingen.
Veda's	Gezaghebbende geschriften van de hindoes, letterlijk 'Kennis'.
Yantra	Mystiek diagram